La Cultura

1558

DELLA STESSA AUTRICE

Draghi sepolti

Sabrina Mugnos

Atlante del Grande Nord

Alla scoperta di aurore, miti e paesaggi misteriosi

ilSaggiatore

Sommario

Atlante del Grande Nord

a Michele, Francesco e Daniela,
il mio cuore, per sempre

a Maria,
una compagna di viaggio indimenticabile

Introduzione

Il primo incontro col Grande Nord avviene sul mappamondo. Dove il globo si restringe, il ghiaccio dilaga nel blu e gli insediamenti si diradano. È come se gli spazi concessi all'uomo si riducessero via via per poi esaurirsi, ostaggio di una natura implacabile. In effetti lassù avvengono fatti insoliti, quasi inverosimili per noi inquilini delle medie latitudini: sciabordii di luce abbagliante inondano giornate interminabili di un sole che non tramonta mai. Oppure, morse di gelo intenso imperano in notti eterne. Niente tramonto. Niente alba. A rischiararle, drappi di luce con fogge cangianti che fluttuano e ondeggiano come veli. Si materializzano d'improvviso come spettri, screziando di verde, porpora o rosso squarci di firmamento. Poi, comincia la danza. A tratti s'indeboliscono, a tratti rifulgono. Sono silenti. Un terremoto di colori completamente muto. Per gli antichi erano spiriti e magia, per noi moderni è il grande spettacolo della natura.

Tutte queste stranezze accadono perché lassù la superficie terrestre è curva allo spasimo, e nel corso dell'anno si espone ai raggi solari in due prospettive estreme: o troppo, o troppo poco, creando, così, giorni o notti lunghissimi. In più, lo scudo invisibile che protegge il nostro pianeta dall'energia nociva proveniente dallo spazio (soprattutto dalla nostra stella), il campo elettromagnetico, lì emerge con la sua massima intensità. Si comporta come una calamita, e lungo i poli risucchia il flusso di particelle in arrivo come dentro un imbuto. Scoppia, così, una guerra celeste, dove tsunami di energia investono i gas atmosferici che si difendono accendendosi d'arcobaleno.

Il bianco inaccessibile delle latitudini estreme ha sempre esercitato un'attrazione fatale sull'uomo. Ancora oggi trasuda l'epopea di imprese al confine tra l'eroico e il folle, animate da brame di conquista, di gloria, di emozioni. Molti dei protagonisti sono rimasti lì, dopo che una natura inappellabile li ha stroncati. Mummificati nel gelo, consumati dalla fame, assiderati dentro le loro tende, affogati nel mare gelido o magari divorati da qualche predatore. Di loro ci restano solo alcuni scritti scampati all'oblio; alternano stati d'animo di esaltazione ed entusiasmo ad altri di strazio pregni di sofferenza fisica e psichica, della disperazione di chi è a un passo dalla morte. Altri intrepidi, invece, si sono portati dietro la loro incredibile storia scomparendo nel nulla e lasciandosi dietro un'aura di mistero.

Lo spirito di questi pionieri aleggia ancora, in queste terre. Talvolta lo si avverte come il bisbiglio di un alito di vento che sfiora timidamente le fronde innevate. Talvolta risuona come un lamento acuto, quando la tempesta ulula e spazza le lande desolate. Le ho udite, queste voci, e mi sono lasciata possedere, ignara che stava avvenendo un contagio che mi avrebbe creato dipendenza. Forse non dissimile da quello che incantò coloro che andarono laggiù consapevoli di potere non fare più ritorno.

In questo viaggio vi racconterò di alcuni luoghi nel vecchio continente (in aggiunta alla Groenlandia, impossibile da non menzionare). Ho preferito rimanere poco lontano da «casa» per mostrare quali spettacolari scenari siano raggiungibili con poche ore di volo dalle medie latitudini della bella Europa. Non vi parlerò, però, solo di paesaggi e natura di oggi, ma anche e soprattutto del tessuto umano che, a partire da ieri, si è avviluppato intorno a essi. Perché il Grande Nord, ancor prima di un'area geografica, è un ambiente, un'atmosfera, uno stile di vita, uno stato mentale.

La prima cosa che avviene su queste terre, infatti, è l'impazzimento dei propri ritmi circadiani (quelli che regolano la fame, il sonno e altri meccanismi biologici). Si attende invano un crepuscolo che possa metterci a tavola e poi a letto durante giornate interminabili baciate dal sole di mezzanotte. Una bella tirata di tende o una lampada accesa non bastano. L'organismo non si lascia ingannare e si abbandona alla seduzione del dì eterno, arrancando nel più totale disordine chimico. Lo stesso vale per la notte artica, quando la nostra stella si nega per settimane o mesi: a un certo punto ci si trova in astinenza da luce. Chi vive qui ci ha fatto l'abitudine, ma per chi arriva da lontano questo passaggio interiore è il segnale inequivocabile che è stato varcato il sacro confine del Circolo Polare. Da quel limite in poi tutto cambia.

Questa grande avventura non poteva che aprirsi con la Lapponia. È già nel cuore dell'immaginario collettivo come dimora del Babbo Natale della tradizione che scorrazza per i cieli artici trainato dalle renne. Non meno famose sono le propaggini all'estremo nord della Norvegia: il leggendario Capo Nord, che ogni anno attira frotte di turisti bramosi si farsi immortalare col vessillo di quell'impresa dal sapore estremo: solo il sapore però, perché si raggiunge comodamente con ogni mezzo, e il «confine geografico» del nostro continente è in tutt'altro luogo. Poco importa, a quanto pare; a qualsiasi ora e in qualsiasi modo il pellegrinaggio verso l'ambita mecca è senza sosta.

Il vero Grande Nord lappone si manifesta più lentamente e in modo inaspettato in altre circostanze. Per esempio, quando si vaga per sconfinate abetaie ricurve sotto cumuli di ghiaccio senza incontrare anima viva, se non qualche schiva renna che osserva da lontano. Oppure, attraversando la superficie di qualche grande lago ghiacciato spezzettata in un dedalo di specchi minori. Perdere l'orientamento è un attimo, ed è ancora più facile se infuria il maltempo o cala quella cappa di luce lattiginosa che rende tutto omogeneo, confondendo riferimenti e geometrie. La temperatura può precipitare fino a –40 e il vento la rende ancora più aggressiva. Ho avuto modo di sperimentarla e di comprendere quale sia il limite inferiore della sopportazione umana. Ciò che non si può coprire, soccombe. I polmoni, gli occhi. Si diventa avidi e gelosi del proprio calore, del proprio sangue, bollente e pulsante.

Proseguendo verso nord il paesaggio si fa ancor più aspro, concedendo spazio solo all'erba, ai cespugli e agli arbusti contorti della tundra, che dilaga su distese spianate dall'inclemenza degli elementi. Oppure, a profondi fiordi scavati da antichissime lingue glaciali, dove la comparsa di qualche orso polare ricorda dove ci si trova.

Come alle remote Svalbard. Iniziano mille chilometri dalla fine di Capo Nord, e sono ad altrettanti dal polo geografico. 78° N: eccola la vera bandiera artica d'Europa. I confini del mondo. Fuori dal centro abitato c'è il nulla e si va in giro armati di fucile perché non è così raro trovarsi davanti un orso polare: i maestosi plantigradi, se affamati, possono anche spingersi in paese ed è già capitato che abbiano sbranato qualcuno. Così le anticamere di molti edifici pubblici vengono lasciate aperte per dar rifugio alle designate «bistecche in fuga».

Queste non sono terre per tutti. Ce lo ricordano gli inuit, che tengono viva la loro identità nell'ancor più ostica Groenlandia: la seconda riserva di ghiaccio più grande del mondo. Per secoli sono riusciti a prosperare accalcandosi dentro anguste tane sottoterra per i lunghi mesi di buio, per poi riemergere al ritorno della luce e sfidare i mari impetuosi a caccia di foche. Si avventurano tra i suoi flutti a bordo di minuscoli kayak di pelle cuciti sul loro corpo dalle donne.

Popoli non meno eccezionali del paese che abitano. Qui, d'inverno, il bianco è ininterrotto, uniforme. Non c'è spazio per nulla: alberi, piante. Persino per le rocce. L'altipiano è di una vastità disarmante. Sopra ma anche sotto, perché affonda per migliaia di metri custodendo nel suo ghiaccio chissà quale remoto passato… Quando è spazzato dalla furia del Piterak suscita terrore, tanto da essere creduto dimora dei demoni. È legittimo; questo vento catabatico glaciale è in grado di uccidere in pochi minuti. Sono pochi quelli che, dopo averlo incontrato, sono sopravvissuti per raccontarlo. Nel periodo del disgelo, invece, le insenature costiere emergono nella loro magnificenza di reticolato azzurrissimo, oberate da cumuli di iceberg riversati in mare dalle lingue glaciali. È da qui che se ne staccò uno gigantesco che affondò il *Titanic*. A ridosso delle coste affiora timidamente il grigio di un terreno antichissimo. È frantumato e vessato, ma custode delle prime forme di vita che hanno attecchito sul pianeta.

Una decina di anni fa questa terra era inavvicinabile, completamente blindata dalla morsa glaciale. Poi riuscirono a farci atterrare gli aerei di linea, rendendola in parte accessibile. Visitarla ancora semisconosciuta è stato uno dei privilegi della mia vita.

Così come sono grata di aver potuto ammirare l'Islanda con la sua coltre glaciale ancora intatta, visto che sta scomparendo a una velocità allarmante. Vengo in visita qui da anni, e ho potuto accorgermi dei cambiamenti che ha subito: al tempo dell'ultima mia visita, nel 2019, è stato celebrato il funerale per la definitiva scomparsa di un ghiacciaio, mentre tanti altri si stanno ritirando vistosamente lasciandosi dietro una melma scura. La stessa fiabesca laguna di Jökulsárlón, normalmente oberata di iceberg, è sempre più sgombra, col suo ineguagliabile turchese che dilaga sempre di più. Stordiscono, i mutamenti repentini di Madre Natura, tanto più se avvengono nel breve lasso di tempo di una vita umana. A ogni modo non tutti gli elementi combattono per smantellare tale bellezza. Mentre scrivo, la penisola di Reykjanes è invasa dalla lava che, da mesi ormai, sgorga da una lunga frattura poco lontano dalla capitale, accrescendo l'isola.

Credo, però, che il fascino di questa terra non tema metamorfosi e non tramonterà mai perché insito nella sua nascita. Emerge dallo squarcio che costruisce l'oceano Atlantico da circa duecento milioni di anni, rigurgitando roccia fusa e allontanando le Americhe dall'Eurasia e dall'Africa al ritmo di crescita delle unghie: qualche centimetro l'anno. Un'ambita finestra sul tumulto di fuoco che avviene negli abissi. Il caso ha voluto che l'isola affiorasse proprio al confine con il Circolo Polare, ricoprendosi del suo ghiaccio. Nulla in natura è più seducente della guerra tra gli elementi: non c'è vincitore né vinto, e il loro continuo scontro è una mano scultorea estrosa e possente. Il fuoco spinge col suo calore, ma il ghiaccio contiene col suo peso, fino a quando non si assottiglia al punto da cedere. Allora è un tripudio di energia: la roccia fusa si polverizza in cenere, il ghiaccio in vapore.

L'Islanda è una cartolina vivente. Spesso in bianco e nero, poiché ricoperta di distese laviche scure chiazzate di neve e ghiaccio, sovrastata di nubi grigie in un oceano cupo e burrascoso. È un paesaggio remoto, desolante, che ricorda un tempo in cui la vita era lontana dal nostro pianeta. Un inferno ben lungi dall'attuale paradiso. Eppure, sublime nella sua asprezza; potente nel suo richiamo al lato atavico della nostra umanità. Un velo austero sotto il quale è fiorito un mondo di figure magiche o mitologiche, ma anche di uomini memorabili, reali protagonisti di imprese straordinarie. Il suo fascino non dà scampo; porta a tornare e tornare ancora. Un «mal d'Islanda», verrebbe da dire.

Sono passati tanti anni da quando il mappamondo appariva immenso alla mia statura di bambina. Oggi lui si è rimpicciolito mentre il globo continua ad apparire senza fine. Nessun essere umano potrà mai vantarsi di conoscerne ogni angolo. Ma viviamo nella sublime illusione di riuscirci e tanto basta.

Io continuo ad avere un debole per il bianco del Nord, che nel frattempo si è animato in un caleidoscopio di immagini, suoni e profumi. Il suo richiamo non si è placato e non ho mai smesso di ascoltarlo.

Finché potrò, continuerò ad andare.

PARTE PRIMA

A caccia delle «luci del Nord»

Lapponia

① *Tromsø (Norvegia)*

② *Alta (Norvegia)*

③ *Jiepmaluokta (Norvegia)*

④ *Kautokeino (Norvegia)*

⑤ *Honninsvåg (Norvegia)*

⑥ *Knivskjellodden (Norvegia)*

⑦ *Rovaniemi (Norvegia)*

⑧ *Luosto (Finlandia)*

⑨ *Kiruna (Svezia)*

⑩ *Jukkasjärvi (Svezia)*

⑪ *Abisko (Svezia)*

⑫ *Ivalo (Finlandia)*

⑬ *Inari (Finlandia)*

⑭ *lago Menesjärvi (Finlandia)*

⑮ *Nellim (Finlandia)*

⑯ *Penisola di Kola (Russia)*

1. Ghiaccio e luce

Tromsø (Norvegia)

«*Come!*» mi disse, inclinando il capo verso il retro della sua schiena. «*To go where?*» risposi, mentre tentavo di pulire gli occhiali dalla neve alzata dal brusco arresto della motoslitta. «*You'll see...*» continuò, allungando il bordo delle labbra ricoperte di brina per abbozzare una sorta di sorriso. Il suo sguardo blu metallico penetrava i miei occhi, immobile, scosso solo dai singhiozzi del motore della motoslitta che ansimava ansioso di rombare. «Ragazzi» mi girai rivolgendomi agli amici che mi erano intorno «aspettatemi qui».

Elvind era il tipico «vichingo» che farebbe impallidire buona parte dei nostri maschi mediterranei; non tanto per una questione di muscoli, ma perché invulnerabile agli elementi. Nei giorni trascorsi insieme in quel viaggio di diversi anni fa, quando la temperatura non è mai salita oltre i dieci gradi sottozero, indossava sempre solo un paio di jeans, dei semplici scarponi invernali, un pile e un piumino equivalente ai nostri «cento grammi» autunnali. Quel giorno anzi faceva eccezione perché portava un cappellino di lana coi copriorecchie penduli stile peruviano. Vederlo girare con coltellacci e attrezzi vari attaccati alla cintura era uno spettacolo unico. Una mattina, mentre ci accompagnava in visita alla fattoria, ha tirato fuori del pesce secco da una sacca e prima di offrircelo ha sapientemente frugato nel grappolo di ferraglia estraendone una per scuoiarlo e renderlo affrontabile ai nostri palati: era impossibile rifiutare senza offenderlo, ma per depurare l'alito mi ci era voluta una giornata. D'altro canto, questa era solo la sua versione «casalinga», rilassata. Nella sua professione doveva essere una sorta di palombaro senza paura che s'immergeva con sicurezza e rapidità nei freddi mari artici per opere di manutenzione su navi mercantili e piattaforme petrolifere.

Degna compagna di vita era la moglie Maria, che, per spostarsi da una casetta all'altra del ranch, andava in giro in mezzo alla neve con un pinocchietto di jeans leggero, una maglietta di cotone scollata e un giaccone sempre aperto. Nei loro deliziosi cottage e nella *living room* di legno, coi pavimenti rivestiti di un delicato parquet, si entrava solo scalzi, dunque lei se ne andava di continuo in giro con degli stivaloni di gomma verde indossati a piedi nudi, mentre noi ci muovevamo talmente bardati, anche solo per prendere una boccata d'aria, che si vedevano solo le nostre pupille. Non resistetti e volli fare una foto in posa con lei per mettere in evidenza il contrasto del nostro vestiario: se gli occhi di Elvind parevano poter trafiggere anche il ghiaccio più spesso, in quelli grandi e languidi di Maria avrebbero potuto abitare assieme il mare e il cielo. Il suo viso ampio e squadrato era incorniciato da qualche ricciolo castano tendente al rossiccio che riusciva a divincolarsi dal laccio, che teneva a fatica la grande massa di capelli raccolti, e a distendersi morbido sulla pelle liscia e chiara come porcellana.

Erano solo un po' confusionari: con Maria mi ero scambiata mail per settimane per metterci d'accordo sulla sistemazione mia e dei miei compagni di viaggio, ma i nostri dialoghi erano sempre stati affetti da un incomprensibile fuso orario nei tempi di risposta, peraltro capendoci a spanne. Quando li ho conosciuti credo che avessero deciso di trasformare la loro proprietà in un b&b solo da pochissimo tempo, perciò arrancavano coi dettagli logistici, oltre che con l'uso della lingua inglese. I popoli nordici la parlano un po' tutti senza grossi problemi, consapevoli che il loro idioma sarebbe troppo complicato, ma più ci si allontana dai centri turistici, più la padronanza scarseggia e i contenuti diventano approssimativi. Un esempio su tutti, il giorno della partenza, nonostante i mille accordi presi, rimanemmo a piedi per recarci all'aeroporto perché non ci avevano avvertito che il bus quel giorno non passava.

Ovviamente da una coppia di tale bellezza non poteva che nascere una creatura altrettanto perfetta, ed è esattamente quello che era la piccola Racni, coi suoi lunghi riccioli d'oro. Il bambino in viaggio con noi, Fabio, non credo che la dimenticherà mai: introverso e sempre attaccato al suo iPad, non appena l'aveva conosciuta era sbocciato in un interminabile sorriso e nei giorni successivi erano diventati inseparabili. Nessuno di noi scorderà mai le lacrime che accompagnarono il giorno della nostra partenza, perché se dalla loro hanno la bellezza, noi abbiamo il calore della nostra «italianità». Un tepore che sciolse piano piano la scorza di formalismo e leggera diffidenza che incontrammo i primi giorni, trasformandola in un fiume di emozioni. Certo, gli spaghetti al pomodoro, insieme a generose porzioni di parmigiano e un buon Barbera che avevamo portato da casa fecero il loro, ma la nostra spontaneità e la nostra innata attitudine all'aggregazione e all'accoglienza ci spogliarono presto dell'abito di ospiti rendendoci, anche solo per qualche giorno, i nuovi membri di una grande famiglia.

Il paradiso terrestre dove vivono Elvind e Maria si chiama Bakkejord e si trova sull'isola di Kvaløya a una cinquantina di chilometri da Tromsø, 350 chilometri a nord del Circolo Polare Artico. Tromsø è la città più grande della Norvegia settentrionale e, a dispetto dell'ambiente ostile nel quale si è sviluppata, i suoi 70 000 abitanti l'hanno resa un vivace centro universitario con ricchi calendari di attività culturali e ludiche e con un'animata vita notturna (pare che il numero di pub pro capite sia superiore a quello di qualsiasi città norvegese).

Qualcuno ha azzardato a definirla la «Venezia del Nord», adagiata com'è in mezzo a una gincana di fiordi con ponti che la collegano alle terre circostanti. Il nostro gioiello veneto, magari, potrebbe risentirsi per il paragone, ma se la si ammira da 421 metri più su, dalla cima del monte Storsteinen, che si raggiunge dopo quattro minuti di funivia, in effetti possiede un suo selvaggio lato romantico. La prima visione mozzafiato è quella della piattaforma panoramica all'interno della stazione di arrivo. Ma lo stupore diventa meraviglia dalle vetrate del Fjellstua Café: col favore dell'oscurità si coglie ancor meglio la città spaccata in due dalla lingua nera delle acque, collegata dalla sottile cartilagine del ponte a 48 campate lungo poco più di mille metri; quando fu inaugurato, negli anni sessanta, era il più lungo del Nord Europa. Dietro alle luci della città, raggruppate in due grandi chiazze, il lungo cordone bianco delle montagne chiude l'orizzonte.

La cosa che più mi ha impressionato di questo luogo è il brulicare di vita nonostante le terre siano tormentate dagli elementi: in questo caso, frantumate e ricoperte dal ghiaccio per lunghi periodi e illuminate da lunghe giornate di sole alternate a interminabili, gelide notti. Del resto, qui siamo in un'estremità del mondo, a poco meno di 70° latitudine nord, e ogni prospettiva è completamente ribaltata. Le stagioni, così come il giorno e la notte, non si rincorrono nel modo che conosciamo alle nostre coordinate, così come gli asterismi del firmamento si muovono in modo insolito. Il meccanismo impeccabile del creato, insomma, quassù sembra incepparsi.

A Tromsø, infatti, dalla fine di novembre a metà gennaio il sole non sorge mai, e un interminabile crepuscolo accompagna la lunga «notte artica». Quando ero sbarcata col mio gruppo nel piccolo aeroporto di Langnes ai primi di gennaio, in diversi faticavano a credere che l'indomani non ci sarebbe stata alcuna alba. Ancora più insolito era osservare la disinvoltura degli abitanti nel muoversi in quella sorta di penombra scandendo le giornate con pasti e lavori domestici come se nulla fosse. La nostra permanenza di una settimana fu troppo breve per risentire davvero di quelle condizioni d'illuminazione, ma già gli ultimi giorni i ritmi circadiani (quelli biologici come il sonno e la veglia o la fame, legati all'alternarsi del giorno e della notte e delle stagioni) cominciavano a vacillare, portandoci a mangiare e dormire di continuo o a orari insoliti. Non a caso alcuni abitanti di questi luoghi finiscono per ammalarsi di disturbi psichici tra cui la Sad (*Seasonal Affective Disorder*) che induce un cambiamento repentino della personalità legato alle stagioni. Un disagio che può anche accentuare gli istinti suicidi.

Il clima che regnava nella fattoria di Maria e Elvind era però tutt'altro che melanconico. Sulla collina sulla quale era costruita l'abitazione ogni giorno ci sembrava di svegliarci dentro una fiaba, e passavamo ore a perderci nelle sfumature di quel color zaffiro che via via si schiariva sempre più proprio a est, dove si nascondeva il sole poco sotto l'orizzonte.

La mattina del penultimo giorno di permanenza eravamo sulla spiaggia sassosa prospiciente i nostri cottage. Le rive dei fiordi sono spesso ricoperte di cumuli di alghe; quelle più abbondanti assomigliano a cordoni coriacei dalla consistenza simile alla plastica, viscidi e con una colorazione che dal marrone a volte vira in un giallo ocra. Nonostante l'aspetto, per fortuna non puzzano. Frugandoci in mezzo, raccoglievo ciottoli di varie forme e caratteristiche e mi dilettavo a raccontarne la storia ai miei amici, spiegando loro che il colore e la struttura di ciascuno apre una breccia nel tempo, rivelando la propria origine e quella del luogo in cui si trova.

Gesticolando, un po' ingolfata dal vestiario, illustravo che dove ci trovavamo un tempo scorrevano fiumi di ghiaccio. I fiordi altro non sono infatti che il lascito dei ghiacciai, quello che era il loro letto, e le rocce dure che il ghiaccio aveva levigato come una smerigliatrice appartengono a una versione molto più antica del Nord Europa. Queste rocce non possono essere trovate, per fare un esempio, alle falde di un vulcano, perché le pietre che compongono quest'ultimo sono al contrario giovanissime e hanno tra l'altro un'origine completamente diversa. Fabio si mise per tutta risposta a raspare in terra a destra e sinistra, portandomi di tutto – frammenti di vetro compresi! – e domandandomi ossessivamente: «E questo?», «Cosa ci dice questo?».

La luce, nel frattempo, aveva cambiato colore, come se in cielo si fosse acceso un faro. Da oriente, una sciabola aranciata trafiggeva il blu disperdendosi lentamente verso la sommità. In meteorologia queste colonne di luce si chiamano *pillar* e si creano quando i fasci di una qualsiasi sorgente luminosa, anche artificiale, vengono incanalati dall'allineamento dei cristalli di ghiaccio presenti in atmosfera. Restammo tutti incantati. Il piccolo Fabio gettò persino a terra l'ultimo carico che aveva raccolto e si sedette sulla riva con noi ad ammirarle. Una leggera brezza si era nel frattempo alzata increspando le acque silenziose e immote che ora avevano preso a sussurrare, quasi incitando i primi raggi solari a riguadagnare la via.

Ci trovavamo là tutti così, immobili e attoniti, con gli occhi piantati sul dorso del fianco del fiordo che sembrava incendiarsi, sperando di poter scorgere qualche lembo di disco solare. La nostra stella, però, si negò a noi. Ancora non era il momento di sorgere, come ci avevano già ricordato a Tromsø. Restammo lì finché la spada di luce non diventò un bagliore diffuso che si mescolò al colore ormai indaco del cielo, e ritornammo verso i nostri cottage.

Rapita dall'emozione del momento non mi ero accorta che Elvind non era più con noi e fui sorpresa perciò dal vederlo raggiungerci all'ingresso della living room a cavallo della sua motoslitta. Mi invitò a salire con lui e io lasciai lo zaino al primo braccio che mi si offrì, tenendo con me solo il telefono per usarlo come macchina fotografica. Provai a mettermi in sella delicatamente, tenendo una certa distanza dal suo corpo e afferrando le maniglie sui fianchi per reggermi. Mise in moto, diede una rapida virata e partimmo come un fulmine, permettendo finalmente al motore di ruggire.

Già dopo poche decine di metri capii che non solo dovevo aggrapparmi a lui, ma avvinghiarmici proprio, se non volevo perderlo e volare via. Ci stavamo arrampicando su per il ripido versante alle spalle della loro proprietà a una velocità folle: nel primo tratto fu tutto uno slalom tra gli abeti ricurvi dalla neve, poi un susseguirsi di dossi e fosse. Più di una volta ebbi la sensazione che ci saremmo ribaltati, ma Elvind manifestava una grande sicurezza e così mi arresi a fidarmi. D'altro canto, avrà fatto quella strada migliaia di volte e in tutte le stagioni, pensavo. Ma guidare la motoslitta non è mai un'operazione banale: essendo un veicolo estremamente pesante è letteralmente piantato per terra, e non è quindi possibile bilanciarlo e curvare col peso del corpo come, istintivamente, ci viene da fare con

Una veduta panoramica di Tromsø, il capolouogo, situato nell'estremo Nord, della Lapponia norvegese.

gli scooter. Manovrarla non è solo un lavoro di braccia, bensì, specie su percorsi complicati, occorre spostarsi interamente col corpo in una direzione per raggiungere una sorta di equilibrio (come avviene sul catamarano, per intenderci). In alcuni tratti, infatti, Elvind si alzava in piedi e con l'intero bacino si gettava all'infuori tenendosi saldamente agganciato al manubrio con le braccia, lasciando però me in balia dei sobbalzi. In un'occasione mi sono persino aggrappata ai suoi pantaloni col rischio di lasciarlo in mutande. A mano a mano che salivamo, il freddo

diventava sempre più pungente e noi sempre più ricoperti da un velo sottile di neve polverizzata. Per fortuna ormai mi stavo acclimatando e sentivo sempre meno dolore alle mani, ai piedi e al viso. Non mi domandavo più dove stessimo andando, perché ero concentrata ad arrivarci viva. Nel frattempo, avevo preso confidenza col percorso imparando ad assecondare le asperità che si opponevano agli sci della slitta, e riuscivo sempre più di frequente a lanciare lunghe occhiate al paesaggio retrostante che continuava ad appiattirsi, nonostante le continue frustate che subiva il mio collo. Nella nostra salita del crinale mi accorsi che stavamo riacciuffando il sole, che ora aveva riacceso l'orizzonte: era come se stessimo cercando di stanarlo elevandoci sempre più su. Ecco, qual era il regalo che mi aveva voluto fare Elvind: godere di un'alba che non era ancora pronta a nascere rincorrendola sopra il pendio ghiacciato di un fiordo artico.

Quando arrivammo in cima, riuscii a vedere il fatidico lembo di disco lambire l'orizzonte marino. Ero commossa. Mi sentii pervasa da un'ondata di emozione ed energia, e quando ci mettemmo in marcia per rientrare ero così concentrata nel volere riprendere il paesaggio che non ero riuscita a catturare all'inizio, che affrontai la discesa senza aggrapparmi: volevo mostrare quella bellezza ai compagni che erano rimasti giù ad aspettarmi. Al nostro rientro a casa, balzarono tutti fuori come attendessero un amico che non vedevano da anni, ma prima che potessi mostrare loro quanto avevo registrato, dovettero aiutarmi a scendere perché ero completamente irrigidita dal freddo: nel calore domestico, si passarono il telefono l'un l'altro per vedere ciascuno tutto il video mentre Maria, compiaciuta del nostro entusiasmo, portava in tavola vassoi ricolmi di carne e verdure.

Quel giorno fuggì in fretta nel concitamento ormai contagioso di quell'esperienza, insieme alla sera che lo seguì. In Lapponia il contatto con la realtà del quotidiano lasciato a casa si assottiglia, e unica protagonista diventa la natura selvaggia, coi suoi doni. La serata si concluse con la promessa che l'indomani tutti avrebbero goduto del medesimo spettacolo; anzi, magari anche di qualcosa di meglio, perché sarebbe stata la fatidica data in cui l'astro sarebbe emerso dal suo lungo oblio, diradando l'oscurità. Nell'attesa, ci attendeva un'altra notte per osservare ciò che eravamo andati fin lì a cercare: le aurore boreali.

Quello delle aurore è uno dei fenomeni più suggestivi di Madre Natura. Un'emozione dirompente, indelebile. D'improvviso, in cielo si materializzano una serie di drappeggi di vario colore che cominciano a danzare, cambiando forma e intensità. La loro evoluzione può esser lenta e durare ore, oppure velocissima e scomparire dopo pochi minuti e magari riapparire a intermittenza. È pura bellezza.

A guardarla in modo meno romantico, però, ciò che tinge la notte con una cascata di energia variopinta è in realtà il «sangue» versato in una cruenta guerra cosmica, dove il nostro pianeta si difende dagli attacchi del Sole. A Fabio lo spiegai così: «Immagina un nemico che brandisce la spada contro di te e, colpendo il tuo scudo, ne saltino fuori una miriade di scintille colorate. Ecco, lassù accade più o meno questo». Con suo padre, invece, usai termini più scientifici. Tutto parte dal Sole: la nostra stella è come se respirasse, emettendo di continuo una radiazione che prende il nome di «vento solare», un flusso di particelle ad alta energia, fatto di protoni ed elettroni, che viaggia nello spazio a centinaia di chilometri al secondo. Quando è diretto verso la nostra Terra, distante in media 150 milioni di chilometri, per raggiungerla impiega un paio di giorni. Se non trovasse alcun ostacolo e arrivasse al suolo, ucciderebbe in pochi istanti ogni forma di vita animale e vegetale. Il nostro pianeta, però, possiede una duplice protezione: il campo magnetico e l'atmosfera. Il nostro campo magnetico è una sorta di guscio di energia invisibile che si origina nel centro del pianeta. «Come le cupole di Violetta degli *Incredibili*!» esclamò Fabio, che continuava ad ascoltare in silenzio. «Esattamente» risposi. «Grazie a questo scudo, la Terra deflette i proiettili energetici comportandosi come una sorta di calamita, cioè attirandoli verso i due poli. Così, quando il flusso arriva viene risucchiato e incanalato proprio dove ci troviamo noi» sottolineai alla compagnia. Ed è a questo punto che subentra l'atmosfera. Le molecole di aria di cui è fatta vengono bombardate dalle particelle di luce che strappano loro gli elettroni per qualche istante; quando quest'ultimi ritornano al loro posto, emettono luce, di colore diverso a seconda dell'intensità dell'energia che li ha colpiti, della quota, del tipo di gas coinvolto (ossigeno o azoto) eccetera. In particolare, l'ossigeno in forma molecolare e l'azoto producono, rispettivamente, quelle verdi e blu-porpora che hanno varie strutture e avvengono a quote più basse di quelle rosse generate dall'ossigeno atomico, che appaiono come una sorta di bagliori diffusi.

«Quindi, quassù si vedono sempre?» mi chiese Alba, un'altra fedelissima dei viaggi che organizzo, accendendo i suoi occhi scuri. «Nuvole permettendo, sì» risposi. Molto dipende da quanto è attivo il Sole, perché all'interno di un periodo di circa undici anni alterna momenti di massima attività con altri di minima. Quando è nella fase di picco può generare anche fenomeni chiamati «brillamenti», cioè violente esplosioni di raggi X che si riversano nello spazio. Qualcuno degli adulti mi chiese allora se fossero simili a quelli di *Goldrake* e *Daitan III*, destando la curiosità di Fabio che non conosceva questi robot figli della mia generazione. «Già», m'illuminai e sorrisi, confidando che da bimba ero innamorata sia di Ataru che di Alan Bengio, i piloti dei rispettivi robot. Poi aggiunsi che i *flare* – altro nome col quale sono conosciuti i brillamenti – possono essere accompagnati anche da emissione di plasma solare, e in questo caso specifico vengono definiti «eruzioni di massa coronale» (Cme: *Coronal Mass Ejection*). Ciò che espellono questi fenomeni violenti arriva alla Terra nel giro di poche ore, costituendo un rischio per gli astronauti, per le apparecchiature in orbita (soprattutto satelliti) e creando disturbi alle comunicazioni, causando, nei casi più gravi, anche blackout in ampie aree del pianeta. In concomitanza di questi eventi, chiamati «tempeste magnetiche», si verificano però aurore strepitose. «E come si fa a sapere se arriva una tempesta solare?» mi chiese Cinzia, la mamma di Fabio. Mostrai loro dei siti di meteo spaziale dove, in tempo reale, è possibile avere informazioni su cosa sta combinando il Sole. Vere e proprie previsioni, come quelle meteorologiche, insomma.

Nel frattempo, Paola, che era uscita per fumarsi una sigaretta, entrò trafelata per avvertirci che il cielo si era aperto e c'era una stellata «pazzesca». Fuori trovammo Maria e Antonella in contemplazione estatica: da quando le ho conosciute durante un convegno a Torino, queste due donne sono sempre state l'anima dei miei viaggi; empatiche, spirituali e propositive, sono state il legante di ogni gruppo. Maria è mancata qualche tempo fa, ma non ha mai smesso di sedersi accanto a noi in ogni avventura che abbiamo vissuto negli anni successivi.

Mentre i più dormicchiavano sui divani, Alberto e Luca, all'esterno, montarono l'astro-inseguitore sul cavalletto per fotografare una cometa che era visibile e «abbordabile» proprio in quelle sere. È un attrezzo dotato di un motore interno che si contrappone al moto rotatorio del nostro pianeta, permettendo agli oggetti celesti di rimanere fermi all'interno dell'inquadratura. Io, invece, davo frequenti sbirciate a un'applicazione sul telefono che segnalava che si stava verificando una attività magnetica molto intensa sopra le nostre teste. Cominciai perciò a scrutare il cielo in cerca d'indizi di un imminente arrivo delle *northern lights*, come le chiamano in inglese. Era buio pesto. Le stelle sfarfallavano silenti. In quel momento mi sentivo come il protagonista del film *Twister* quando «annusa» l'aria prossima a scatenare un tornado. Nel tempo ho imparato che quando le aurore cominciano a manifestarsi lentamente, a occhio nudo possono assumere le sembianze di una nuvolosità diffusa, una sorta di bande lattiginose. Ormai conosco anche il trucco per smascherarle: scattare una fotografia con tempi di posa di qualche secondo. Se nel fotogramma compare del verde, allora sono proprio loro.

Quella sera, però, non ci fu bisogno di alcun fiuto particolare; d'improvviso, sopra il camino del tetto di casa di Elvind e Maria si allungò una banda verdissima che cominciò a ondeggiare come fumo colorato. Mi fiondai come un razzo dentro la living room dimenticandomi anche di togliere gli scarponi, e cominciai a urlare di muoversi e uscire perché fuori c'era l'aurora. Tutti sobbalzarono dai vari giacigli sui quali si erano appisolati. In pochi minuti eravamo tutti col naso in su. Io e Luca a scattar foto come due forsennati, e Alberto lo stesso, poco distante. Le luci danzavano intense mantenendo una colorazione verde intenso, sebbene a tratti screziata di viola; abbracciavano verso ovest le Pleiadi, la piccola costellazione vicina a quella del Toro. Gli altri erano tutti in visibilio, euforici: urlavano come pazzi. Fecero un tale baccano che svegliarono i nostri padroni di casa, i quali alla fine decisero di unirsi a noi. Maria ci raggiunse vestita con una camicia da notte bianca, gli immancabili stivaloni e un giaccone semiaperto, a –20; la piccola Racni arrivò di corsa come un folletto con un pigiamino coi coniglietti blu in rilievo; Elvind arrivò con tutta calma con aria divertita a riunire la famiglia e riportarla a letto. Le «luci» danzarono a lungo, espandendosi anche a sud sul fiordo, non prima di essere esplose a perpendicolo sulle nostre teste in una cascata simile a quelle generate dai botti finali dei fuochi d'artificio che nella mia città sparano la prima domenica d'agosto di ogni anno sul lungomare. Alla fine, ci arrendemmo anche noi al sonno, mentre il cielo continuava a sfornare colori. Fu una notte memorabile.

L'indomani, di buon'ora, Elvin col suocero e qualche amico organizzarono la staffetta concordata per portare il gruppo dove eravamo stati io ed Elvind il giorno prima. Stretti l'uno accanto all'altro sulla cima della montagna, sulla cornice di una distesa blu che univa il cielo e il mare, la palla del sole si alzò timida per appoggiarsi sopra l'orizzonte, come un re su un trono che non avrebbe abbandonato più per un pezzo. La notte artica era finita in gloria: ogni bellezza si era palesata.

Ora potevamo ripartire per una nuova, lunga giornata.

2. Nella terra dei sami

Alta - Jiepmaluokta - Kautokeino (Norvegia)

Fin da bambina ho sempre avuto ben chiara la collocazione e la struttura della Scandinavia, grazie alla sua forma di felino che pare galoppare in discesa con l'andatura rivolta verso il Sud dell'Europa. Alla Norvegia appartengono la testa e la cresta, quest'ultima finemente frastagliata, a giusta metafora del dorso dell'animale che rappresenta. Spostandosi verso nord si risale la sua «spina dorsale» disarticolata, che a un certo punto s'inflette per scivolare nella coda rappresentata dalla penisola di Kola, di dominio russo.

In questo dedalo di fiordi e isolotti, a circa 200 chilometri a nord di Tromsø si trova anche Alta, raggiungibile attraverso una strada panoramica che scavalca un patchwork di dissestati terreni di varia natura come in una corsa a ostacoli. Di quanto visto in quel percorso conservo il ricordo indelebile di un'intera famiglia che con pochi gradi di temperatura, resi ancora più rigidi da una leggera brezza, sguazzava in costume tra le acque, nello sgomento mio e dei miei compagni di viaggio. Ogni tanto, riguardo la foto che immortala me, incappucciata col mio inconfondibile piumino verde, e sullo sfondo uno di quei ragazzini: biondissimo e completamente nudo saltellava felice di farsi il suo bagno estivo. C'eravamo fermati apposta per gustarci quella scena insolita che, per un po', aveva distolto il nostro sguardo dall'incanto delle alture innevate di color grigio-marrone che si specchiavano nelle acque scure.

Rammento le battute che feci a Raffaella a proposito di lavorare fuori servizio e in trasferta, nel caso in cui a qualcuno di loro fosse venuto un accidente. La «Raf» e io siamo amiche ormai da tanti anni, e mi ha seguito in mille scorribande in giro per il mondo. Ci siamo conosciute tramite terze persone che me l'avevano consigliata come ottimo medico di famiglia, e devo dire che non si è mai smentita. Ha un aspetto fanciullesco che mette le persone a proprio agio ed è sempre molto sobria e composta: occhi grandi e celesti in un viso delicato, accarezzato da capelli castano chiaro lisci e sottili, indossa sempre jeans o chinos accompagnati da Clarks o sneaker, camicia e maglioncino, che possono evolvere in una maggior eleganza con qualche vestito o gonna a tubino, abbinati a dei mocassini.

Con noi c'era anche Luca, che invece sembrava decisamente meno impressionato dall'allegra e calorosa famigliola che faceva il bagno. In effetti, da buon ligure come me, ha sempre visto fior di nordici gettarsi nel nostro mare in condizioni meteorologiche pessime; soprattutto quando è molto mosso o in giornate fredde, mentre noi non toccheremmo l'acqua neanche con la punta di un alluce. Luca e io ci conosciamo da ancora prima che con Raffaella, perché è geologo come me, anche se con una specializzazione totalmente diversa e figlio di un diverso ateneo. È un tipo chiuso e pacato che dà poco spazio all'esternazione delle emozioni, tanto più per situazioni e persone che non lo toccano da vicino. Ma tante volte questa sua calma è stata un provvidenziale contraltare alla mia impulsività. Ci compensiamo, in sostanza.

Saliti di nuovo a bordo della Golf blu che avevamo preso a

noleggio per il viaggio ci rimettemmo in marcia con calma, tra lunghe soste e molte foto, arrivando a destinazione in serata.

L'impatto con Alta non è dirompente e avvolgente come quello con Tromsø. L'atmosfera che si può respirare tra le sue vie è nei periodi migliori rilassata e gioviale, ma nelle transizioni stagionali, a fine inverno o al termine dell'estate, il basso afflusso turistico la rende cupa e malinconica.

Credo che la ragione stia in una concomitanza di fattori. In primis, è molto dispersiva: ci sono tanti slarghi, più che piazze vere e proprie, al margine o al termine della sua ampia via centrale, e quindi non ci si sente accolti e raccolti da nessuna parte ma, al contrario, ci si ritrova quasi sempre a vagare un po' a caso. Inoltre, non si può certo dire che sia accattivante esteticamente, bordata com'è da palazzi freddi e squadrati costruiti in stile moderno e privi d'insegne o qualsivoglia elemento caratteristico che possa incuriosire. I pochi negozi e caffè si concentrano, insieme a market di ogni genere, scendendo ai piani inferiori, ai quali si accede da qualche grosso centro commerciale; qui più però che l'artigianato del luogo si vendono articoli ordinari.

In buona sostanza pare che la cittadina, che conta circa 20 000 abitanti, si sviluppi maggiormente sottoterra. L'unico elemento architettonico degno di nota è la Nordlys Katedralen, meglio nota come la Cattedrale dell'Aurora Boreale: inaugurata nel 2013 dopo esser stata partorita dalla mente del danese Peter Brandes, le sue fattezze l'hanno presto trasformata in una delle icone architettoniche del Nord. La sua forma, infatti, è una spirale che punta al cielo innalzandosi per 47 metri, e la sua facciata è rivestita in grigio titanio per meglio riflettere il riverbero artico. L'interno è ancora più affascinante. L'altare è minimale e domina lo spazio una scultura di Gesù in posizione crocifissa, ma senza alcun supporto sul retro, col capo inclinato verso l'alto. È fatta in legno e ricoperta da una vernice dorata. Anche i portacandele sono a forma di spirale, la stessa del motivo architettonico dell'edificio. A lato, un organo moderno, una presenza per me sempre d'effetto.

Trascorremmo due notti in un albergo proprio di fronte alla cattedrale per godere della sua peculiare silhouette. L'indomani partimmo alla ricerca di mountain bike da noleggiare e caricarci in auto fino a Capo Nord. Ma prima non potevano non inaugurarle con una visita al Sautso Canyon, l'incisione più profonda d'Europa frutto del lavorio delle acque del fiume Alta, una volta sceso dall'altopiano del Finmark. Un uomo del posto ci raccontò che, un tempo, quel fiume non aveva rivali per la qualità dei salmoni che vi si pescavano. Certo, le pareti svasate del Sautso, alte fino a 400 metri, non hanno nulla a che vedere con le ben più famose voragini strapiombanti del Grand Canyon americano, ma la sua vista fa comunque un bell'effetto. Sulle sponde, inoltre, abbondano porcini grossi e sodi che dalle nostre parti potremmo vedere solo sulla copertina di qualche rivista o venduti a peso d'oro in un banco di alimentari. Qui non li apprezzano molto, e non avendo una casa dove cucinarli dovemmo lasciarli lì, seppur a malincuore.

Il sapore ancestrale di questa terra si può cogliere appieno già a una manciata di chilometri dalla città, nel piccolo villaggio di Jiepmaluokta. Qui le rocce che affiorano recano migliaia di incisioni (3000 quelle censite e accessibili), osservabili attraverso una passerella di legno che si snoda in un percorso ad anello lungo circa 3 chilometri. Le immagini istoriate, colorate di ocra per dar loro maggior risalto, coprono un periodo che va dal 4200 al 500 a.C. e ritraggono soggetti e scene appartenenti a una civiltà antichissima, dedita alla caccia e alla raccolta ma anche in grado di pascolare branchi di renne, abile nella pesca

Il sito di Jiepmaluokta, presso Alta (Norvegia), contiene oltre 5000 graffiti rupestri vecchie di oltre 6000 anni.

e nella costruzione di barche. Oggi conosciamo la progenie di questi antichi abitanti come «lapponi». In realtà, per loro è un soprannome anche piuttosto offensivo, poiché deriva dallo svedese *lapp* che significa «toppa»: indica «persone delle pezze», cioè straccioni. Da qui ovviamente anche il termine «Lapponia» per indicare questa area a cavallo del Nord dei paesi scandinavi: Norvegia, Svezia, Finlandia e un pezzetto di Russia che s'intreccia con la regione della Carelia.

Il nome reale col quale si identificano i nativi è *sámit* (sami), la cui radice potrebbe essere legata alla parola finlandese *suomi* che significa «Terra». Attualmente si stima che la popolazione dei sami si aggiri attorno alle 70 000-80 000 unità. Il paese che ne ospita di più è la Norvegia (circa 40 000), seguito dalla Svezia (15 000-20 000), dalla Finlandia (7000-9000) e dalla

Russia (intorno ai 2000). Si pensa che la loro saga sia iniziata una decina di migliaia di anni fa, quando il disgelo agevolò lo spostamento degli animali e degli uomini al loro seguito. Il loro idioma lascia pensare che arrivassero dall'Est, dai territori della Siberia e degli Urali, e comprendeva ben undici dialetti di cui solamente nove sopravvissuti fino ai giorni nostri. L'alfabeto di riferimento è il latino, con l'aggiunta di caratteri esterni presi in prestito dalla lingua di altri paesi. I sami erano una popolazione seminomade; abitavano in capanne trasportabili chiamate *kota* o in tende più semplici note come *lavvu,* vivendo di caccia e pesca ma, soprattutto, in funzione delle renne e delle loro migrazioni. Erano letteralmente il «popolo delle renne», al punto che alcune leggende ne collegano la genesi a questi animali.

Nel XVI secolo giunse la contaminazione straniera, e tutto cambiò: si intensificarono le invasioni e con esse la colonizzazione del Grande Nord, l'aumento del commercio e delle relative tasse e la riduzione delle risorse naturali. Lo sfruttamento ambientale fu tale che molte famiglie sami rinunciarono alla vita seminomade: diventarono stanziali per coltivare la terra e allevare qualche animale domestico. Altri, invece, per reazione svilupparono uno stile di vita completamente nomade, seguendo le renne sempre in movimento e traendone tutto quello che occorreva per vivere. Questi cambiamenti radicali innescarono il graduale declino delle antiche abitudini: il colpo di grazia arrivò coi commercianti europei che spesso pagavano le merci con l'alcol, introducendo nella popolazione indigena una terribile piaga sociale (un po' come avvenne negli Stati Uniti con i nativi americani). Infine, ci fu la repressione religiosa dei missionari cattolici (che innalzarono chiese per estirpare il credo animista dei pastori), seguita dai dettami dei predicatori luterani, che etichettarono come blasfema la pratica della tradizione sciamanica, tanto che anche adesso molti sami anziani sono convinti che cantare i canti tradizionali, gli *yoik*, musicati coi tamburi, sia peccato. Oggi, solo un 10% si dedica ancora all'allevamento delle renne, mentre i restanti che non sono andati a cercar fortuna nelle città portano avanti altre attività come la pesca o il turismo.

Chi vuole incontrare i sami, oltre a cercare di incontrarli nelle loro abitazioni solitarie in mezzo alla taiga (o tundra), può farlo recandosi a Kautokeino, dove il 90% della popolazione parla la lingua originale e segue le antiche usanze. Proprio qui nel 1852 è esplosa la ribellione degli indigeni contro l'oppressione del governo norvegese, e oggi ospita diverse istituzioni, tra cui una scuola superiore, una per l'allevamento delle renne e l'università. Non meno importante è il villaggio di Karasjok, sede del parlamento sami e di altrettante importanti istituzioni.

3. Verso Capo Nord

Honninsvåg - Knivskjellodden (Norvegia)

Per far entrare le biciclette nella macchina dovemmo smontare le ruote anteriori ma senza risolvere un granché. I manubri, anche se ruotati al massimo per guadagnare spazio, si erano presi pure il posto dei bagagli, che finirono sul tetto alla mercé di un vento gelido che spargeva attorno una sottile pioggerella.

Alla volta di Capo Nord siamo partiti così, come i più disorganizzati dei nomadi. Ci consolava il fatto di avere una macchina a noleggio così nessuno avrebbe potuto identificarci e offendere la nostra proverbiale, e italianissima, arte di arrangiarci. A essere sinceri un tale trambusto non era previsto, ma giorni prima avevo visto un video in cui alcune persone raggiungevano il punto estremo del promontorio di Capo Nord in bici, e avevo insistito con i miei compagni di viaggio che dovevamo farlo anche noi: l'unico ad accettare era stato Luca.

Secondo il navigatore andavano percorsi circa 250 chilometri lungo la E6 (che all'altezza di Olderfjord diventa E69), per raggiungere il delizioso paesino di Honninsvåg, dove avremmo alloggiato. La strada per arrivare all'estrema propaggine nord dell'Europa norvegese è stata realizzata negli anni cinquanta ed è spettacolare: dietro a ogni curva si dischiudono i paesaggi sconfinati della tundra, con terreni collinari che degradano dolcemente verso le acque, ricoperti da un fitto manto erboso. Il suo colore, ricco d'infinite sfumature che vanno dal verde al marrone al giallo ocra, è reso ancor più variopinto da diverse specie di arbusti e fiori che si insinuano nel suo interno. Quando il cielo si apre e lascia trapelare la sua luce brillante screziata di squarci di azzurro intenso, il mantello sembra prender vita e dimenarsi, avvolgendo sporadiche casette di legno dai colori vividi. All'orizzonte, la chiglia vermiglio di qualche nave punteggia il «dipinto» qua e là.

I veri protagonisti del paesaggio, da queste parti, sono però le renne. Ci sono renne ovunque, di tutte le taglie, colori, età e dimensioni: non ne avevo mai viste così tante e variegate tutte insieme prima di allora. Sono animali dal comportamento migratorio, e dove eravamo noi si spostano abitualmente tra aprile e maggio. La motivazione è che il suolo ghiacciato – che nel breve periodo estivo si disgela fino a pochi decimetri di spessore – impedisce di crescere alla vegetazione arborea poiché l'assenza di ossigeno fa sì che le sostanze organiche non si ossidino completamente rendendo il terreno acido e torboso; così, molte piante sono impossibilitate a viverci ma non muschi, licheni, sfagni e altro, che rappresentano un ottimo nutrimento. A fine estate, invece, i branchi si spostano verso sud, nella taiga dominata dalle conifere e da un sottobosco più ricco di cibo. Il manto stradale, dal loro punto di vista, non è che una sottile striscia di territorio ben poco appetitosa, quindi lo attraversano in fretta e furia, intuendo che è pericolosamente frequentato da «oggetti» a loro estranei e ostili (cioè i nostri veicoli). In altre circostanze, però, talune intrepide lo utilizzano per il nostro stesso scopo. Quando accade le si osserva sculettare dirette verso chissà quale meta con un'andatura rapida e un po' storta, fino a quando qualche automobilista non si spazientisce di star loro appresso e si avvicina per invitarle a scansarsi o magari solo per superarle. Allora con una brusca virata si dirigono verso i margini della strada, per poi saltellare a singhiozzi dentro la coltre nevosa o il manto erboso e sparire nel bosco.

A un certo punto la statale s'imbuca dentro una piccola galleria bordata di muratura. Non parrebbe nulla di che se non fosse che un centinaio di metri prima, sulla destra, appare un cartello che lo segnala come il tunnel di Capo Nord. La famigerata e ambita località che stavamo cercando di raggiungere, infatti, non si trova sul continente ma sulla piccola isola di Magerøya, alla quale un tempo (ma lo si può fare anche adesso, volendo) si arrivava solo tramite il traghetto che parte dal Kåfjorden per raggiungere il delizioso porticciolo di Honningsvåg. Oggi, invece, grazie a questa opera costruita negli anni novanta, dopo aver percorso poco meno di 7 chilometri (6875 metri, per l'esattezza) ed essere scesi di 212 metri sotto il livello del mare, si arriva di là in un baleno.

Honningsvåg è la tappa che precede l'arrivo a Capo Nord. È un luogo incantevole che conta poco più di 2000 anime. Si affaccia con un pittoresco porticciolo nel Mare di Bering, ed è sovrastato da una collina che offre un ampio panorama sul litorale norvegese. Storicamente era un rinomato centro di pesca con una tradizione che si spinge fino all'ottavo millennio prima di Cristo – come apprendemmo al museo Nordkappmuseet. Oggi l'attività principale è il turismo intrattenuto dal suo grazioso centro dove è piacevole passeggiare e trascorrere qualche ora, magari curiosando anche dentro il Perleporten Kulturhus, il centro culturale che all'interno ospita un piccolo teatro e un caffè. Nel 2004 è stato inaugurato l'Artic Ice Bar, costruito ogni anno col ghiaccio proveniente dai laghi della Lapponia norvegese. I costruttori affettano la loro superficie in

55 blocchi puri e trasparenti di 800 chilogrammi ciascuno; dopodiché li trasportano a destinazione e cominciano a costruire il telaio dell'edificio come fossero mattoncini Lego, segandoli e adattandoli gli uni agli altri con motoseghe e frese. Infine, li sagomano e levigano con strumenti di vario genere. Per rimanere in piedi, la sua temperatura interna non può scendere sotto i 5 °C, ragion per cui dentro fa *parecchio* freddo, e all'ingresso viene fornito l'abbigliamento adeguato a chi non ce l'ha. L'atmosfera è irreale, con 4200 lucine a led blu che impreziosiscono il ghiaccio creando innaturali penombre.

Arrivati al nostro resort l'addetto alla reception ci chiese subito, con una smorfia tra l'orgoglioso e l'ironico, come ci sentissimo a trovarci nella cittadina più a nord del mondo. Essendo già stata a Longyearbyen, alle isole Svalbard, a 78° di latitudine nord, sapevo che in realtà il primato non era esattamente tale, essendo conteso anche oltreoceano da Barrow, nell'estremo Nord dell'Alaska; avrebbero avuto da ridire anche gli abitanti di Hammerfest, poco più a sud, in quanto più numerosi (circa 10 000) e quindi ancor più legittimati a definirsi cittadini.

Tetto dell'Artico o meno, chi arriva ad Honningsvåg punta verso tutt'altra meta. Coi i mezzi più disparati e a tutte le età, frotte di persone si riversano 32 chilometri più a nord, sulla punta di una scogliera alta 307 metri, schiaffeggiata dal Mar di Norvegia e da quello di Bering, che si scontrano lungo una muraglia di schiuma. Un trampolino dal quale lo sguardo può spaziare a 360° sull'orizzonte senza incontrare alcunché, e dare l'illusione di essere giunti all'estremo nord del mondo. A Capo Nord, appunto, alla veneranda latitudine di 71°10'21".

Come novelli esploratori, tutti, ma proprio tutti coloro che giungono qui, dopo aver macinato anche migliaia di chilometri, arrancano determinati ed emozionati lungo gli ultimi tratti della tortuosa strada per raggiungerlo e farsi ritrarre, soddisfatti, vicino ai trofei della conquista. Trofei che, però, non sono di Madre Natura ma del suo figliol prodigo. Uno è il monumento dedicato alla fine della strada: un tumulo fatto di mattoni di vari colori ognuno recante il nome di una località nordica, sormontato da un cartello di metallo tondo fatto a cerchi concentrici colorati e attraversato da una freccia bianca dov'è riportata la latitudine. Dirimpetto a due ampi parcheggi sulla sinistra, invece, si trovano «I bambini del mondo», sette medaglioni in pietra che recano disegni di bambini di nazioni diverse. Ad accompagnarli, di fronte, un'altra composizione raffigurante una mamma con bimbo che li indica. Il vero «must», però, è farsi una foto accanto alla scultura in ferro battuto che raffigura il nostro pianeta (e anche la sfera celeste) in termini di reticolato geografico fatto di meridiani e paralleli, che si trova proprio sulla punta della falesia. A giudicare dalle proporzioni con la mia altezza, direi che sia alta intorno ai cinque metri, escludendo la piattaforma di cemento sulla quale si trova, circondata da quattro brevi rampe di scale. Non si tratta di un monumento antico. L'installazione è stata inaugurata nel 1978 per suggellare l'enorme successo che stava riscuotendo la località, «battezzata» nel 1553 dall'esploratore inglese Richard Chancellor dopo esservi approdato mentre cercava il leggendario «passaggio a nordest» verso la Cina. Con una punta di patriottismo, va ricordato che la vera «conquista» da terra è stata opera dello scrittore e archeologo italiano Giuseppe Acerbi, poi raccontata in un bestseller di inizio Ottocento che spopolò a Londra: *Travels through Sweden, Finland and Lapland, to the North Cape in the years 1798 and 1799.* Cento anni più tardi, invece, lo seguì come primo «turista» il sacerdote italiano Francesco Negri, partendo a piedi dal nostro paese aiutandosi con cavalli, slitte e sci: ci impiegò due anni.

Per accedere all'ambita sfera occorre attraversare (pagando) una vera e propria muraglia di cemento – con tanto di panettoni davanti – rappresentata da una modernissima struttura informativa e turistica. Niente scatolette o cibo liofilizzato preparato in un fornellino con mani e piedi semicongelati, dunque, ma pietanze gourmet per tutti in gusti nel caldo e spazioso ristorante, un'ampia gamma di souvenir a commemorazione dell'impresa avvenuta e suggellata, a richiesta, dal diploma di attestazione presso il Royal North Cape Club. E poi ancora una sala cinematografica dove poter contemplare il susseguirsi delle quattro stagioni, un piccolo museo thailandese (in ricordo della visita del re di Thailandia Chulalongkorn) e una galleria scavata nella roccia (a circa metà del percorso interrotta da una piccola cappella ecumenica) che termina in una sala dove, al di là di una enorme vetrata, è possibile ammirare il sole di mezzanotte comodamente seduti.

Il Capo Nord turistico è questo. Non ho mai fatto parte di quella frangia di viaggiatori che polemizza contro il consumismo e si sente vittima di qualche trappola mangia soldi. Oggi si sa bene dove si sta andando ed è ipocrita stupirsi: con un click abbiamo reportage dettagliati di ogni destinazione. Del resto, questo luogo è effettivamente all'estremo Nord del continente europeo, e ha il pregio di dar la possibilità a chiunque di poter godere dello sconfinato panorama sul Mare Artico che si apre oltre le balaustre di protezione che seguono il perimetro della falesia a strapiombo. E in fondo non è poi così male sorseggiare una cioccolata calda comodamente seduti davanti a un paesaggio del genere.

A voler essere pignoli e spaccare il capello in quattro, si potrebbe aggiungere che l'Europa continentale finisce prima del tunnel, perché qui ci troviamo su un'isola. Non solo: se ci si fa incuriosire dalle sagome scure che si allungano ai lati della visuale, si scopre che alla sinistra una lingua di terra brulla si allunga ancora di più verso le gelide acque. Di 1593 metri, per l'esattezza, segnando la latitudine di 71°11'08": è il promontorio di Knivskjellodden. Neanch'esso però, come detto, detiene il primato assoluto, poiché 2000 chilometri più a nord ci sono le norvegesi Svalbard, a loro volta surclassate dalle isole russe del Principe Rodolfo. Il vero Capo Nord lo troviamo tre chilometri più a ovest, sulla sagoma oscura in lontananza a destra della visuale. È la penisola di Nordkinn, punta vera del continente europeo, la cui estremità, Kinnarodden, alla latitudine di 71°08'02", è raggiungibile in barca o con un estenuante trekking di 40 chilometri tra andata e ritorno partendo dal villaggio di Mehamn.

Ribadisco che non disdegno le comodità, soprattutto in luoghi che fungono da porta di accesso a fenomeni o panorami di tipo contemplativo. Dove e quando possibile, però, mi piace testare anche il loro aspetto più aspro e selvaggio. Perciò, conoscendo bene la disputa su Capo Nord, con i miei compagni di viaggio decidemmo di raggiungere in bici anche Knivskjellodden.

L'attacco del sentiero è 7 chilometri prima di arrivare a Nordkapp, imboccando una deviazione sulla sinistra che conduce a un parcheggio asfaltato corredato di un cartello informativo. «18 chilometri!» esclamò Luca davanti alla scritta. «Alla faccia della passeggiata.» «Sì, ma andata e ritorno» risposi cercando di minimizzare. «Circa sei ore a piedi, ma in bici avremmo fatto molto prima» spiegai. «Sei proprio sicura che vuoi fare questa cosa?» mi domandò perplesso di fronte al portabagagli dell'auto aperto che cominciava a gocciolare sotto una sottile pioggerella che ci stava inzuppando silenziosamente. «Ormai siamo qui con le bici» insistei, nascondendo la sensazione di disagio per aver abbandonato il tepore del centro visitatori.

Con una smorfia di rassegnazione Luca cominciò allora a districare le bici dalla massa che si era formata nel portabagagli per tirarle giù. Una decina di minuti per montarle e partimmo. Ci arrampicammo sul sentiero che s'inerpica verso la collina e ci rendemmo presto conto che non sarebbe stata un'impresa da poco: il terreno era roccioso e le ruote sobbalzavano e s'incastravano tra gli spuntoni facendoci perdere l'equilibrio e costringendoci a percorrere alcuni tratti giù dal sellino. Poi il percorso diventava più pianeggiante, alternando tratti sassosi con altri erbosi e fangosi, con attraversamenti più o meno lunghi su pozze d'acqua facilitati dalla presenza di assi di legno. Fummo costretti a stare concentrati nel tenere le ruote nel centro, ma non appena riuscivamo ad alzare lo sguardo, non di rado vedevamo piccoli gruppi di renne ferme e voltate verso di noi a guardarci perplesse. Mai troppo vicine, però, sempre a debita distanza.

Poi tutto cambiò. A nostre spese imparammo che il clima, lassù, può variare nel giro di pochi minuti con la complicità della temperatura, che in estate oscilla tra i 10 e i 25 °C nei giorni più caldi, mentre in inverno varia dai –3 ai –15 °C in quelli più freddi.

Le nubi alte e inoffensive che spruzzavano la tenue acquerugiola si erano abbassate e incattivite divorando lentamente il paesaggio, mentre un vento forte ci scagliava addosso granelli di ghiaccio che pungevano come aghi. I cippi di segnalazione del sentiero si vedevano a malapena e il percorso diventava sempre più insidioso: un pantano costellato di sporgenze di rocce scivolose. A oltre due terzi del cammino avremmo dovuto avvistare la baia di Knivskjelvika e scendere verso la spiaggia sassosa, invece davanti trovammo solo un muro bianco e sferzante di gelide raffiche. Sapevamo che l'ultima parte sarebbe stata la più dura, poiché lungo un crinale roccioso, e alla cieca, in quelle condizioni, era inaffrontabile. C'è sempre un momento in cui il bravo escursionista o esploratore, che dir si voglia, deve capire quando è il momento di rinunciare e tornare indietro. E così facemmo.

Fradici, stanchi e infreddoliti faticammo a smontare le biciclette per infilarle in macchina, peraltro tutte inzaccherate di fango. Un'oretta dopo ci rifocillammo ampiamente con una doccia rovente nel nostro magnifico albergo di Honninsvåg. La sera venne il momento di fare il resoconto della piccola avventura appena vissuta a Raffaella, che ora sedeva con noi davanti a una succulenta cena a base di pesce artico.

Uno dei miei preferiti è l'halibut: ha una carne bianca morbida e delicata, simile a quella del rombo o anche del merluzzo; si presta a mille ricette ma, a mio parere, trova la sua apoteosi bollita o al forno con un filo di olio e sale, e magari con qualche patata e pomodorino. Tutta la poesia, però, finisce se si vede il pesce nel suo habitat: è piatto e gigantesco ma, soprattutto, brutto e cattivo, poiché cacciatore spietato che tende gli agguati alle sue prede nascondendosi nella sabbia e non dando scampo con la sua grande bocca piena di denti affilati. Il suo territorio di caccia è ampio, perché si muove dai 15 ai 2000 metri di profondità.

Niente di paragonabile, comunque, alla mostruosità dei granchi artici. Possono pesare fino a dodici chili e misurare due metri da una zampa all'altra. I pescatori norvegesi, scherzosamente, li chiamano l'«Armata rossa di Stalin», ma per tutti gli altri sono i granchi rossi giganti. Il soprannome è legato alla loro storia: originari dell'Alaska pare che Stalin, negli anni trenta, avesse deciso di far portare alcuni esemplari nei freddi mari del Nord per arricchire la misera dieta dei pescatori locali. Dopo alcuni tentativi di allevamento finiti male, però, gli scienziati russi liberarono incautamente 7 esemplari, che al ritmo di 50 chilometri l'anno si spostarono a ovest arrivando fino alle isole Lofoten, mettendo in allarme i naturalisti che cominciarono a parlare di potenziale disastro ecologico. I super granchi, infatti, cominciarono a riprodursi e a divorare in mare il cibo dei merluzzi, la cui pesca è vitale per l'economia. Per correre ai ripari, i pescatori norvegesi li catturarono e portarono in grandi vasche, dove hanno continuato a vivere allevati senza rubare cibo alle altre specie. Nel frattempo, il governo, per ridurne il numero, ne ha autorizzato la pesca a chiunque abbia una barca, così arrivano ben graditi sulle tavole più ricercate con la loro carne prelibata e gustosissima. Personalmente ho trovato molta somiglianza con quella dell'aragosta. Forse ancora più dolce.

A ogni modo, l'ho mangiato a denti stretti per puro spirito di cultura culinaria. Rimango sempre un po' impressionata nel vedere questa specie di enormi ragni di mare spezzettati nel piatto. Sono specie animali completamente diverse, d'accordo, ma ho sempre trovato curioso come ci impressioniamo per i ragnetti trovati a gironzolare in casa e inorridiamo per coloro che mangiano tarantole gigantesche come fossero patatine, ma non battiamo ciglio – e anzi li bramiamo e paghiamo fior di denari per azzannarli – davanti a questi «alien».

Forse che lo sguazzare nelle acque dia loro quel tocco di esotico e raffinato in più?

Finita la cena ci rendemmo conto di essere esausti. Sarebbe stato il momento di crollare nel letto ma la luce intensa che filtrava dalle ampie vetrate del ristorante ci confondeva. Erano le undici di sera ma sembrava pieno giorno, con la palla del sole che, liberatasi dalle nubi, brillava alta. La nostra ghiandola pineale era in crisi: non sapeva bene se somministrarci una dose di melatonina per metterci a nanna o di adrenalina per mandarci fuori a proseguire quel giorno interminabile. Se una notte senza fine disorienta, altrettanto lo fa una giornata che non si spegne mai, dove la nostra stella danza sulla linea dell'orizzonte come un equilibrista sul filo del baratro.

M'incantai a fissare lo sfarfallio di un riflesso sulla montagna. «A cosa pensi? Dove sei?» mi chiese Luca mentre sorseggiava la sua brodaglia di Nescafé. Gli risposi che stavo meditando sul tipo di emozioni che tutto ciò deve aver suscitato negli uomini antichi, che ancora non disponevano di una spiegazione scientifica. Col tempo si saranno abituati, certo, liquidandolo come qualche imperscrutabile vezzo divino, ma il primo impatto deve esser stato scioccante. «Per noi è tutto più semplice: quando Francesca crescerà» sorrisi rivolgendomi a Raffaella «le racconterai che questo è il "sole di mezzanotte", una vera e propria celebrità naturale per frotte di turisti determinati a farsi un bel selfie in sua compagnia mentre rischiara le tenebre usurpando il ruolo alla luna. È l'altra faccia della "notte artica", insomma, quando è la luce a non volersene andare». «Glielo spiegherai tu come facesti con me» mi rispose. Raffaella si riferiva a quella sera quando, dopo esser diventata il mio medico, eravamo uscite a mangiare una pizza insieme e le spiegai le relazioni tra le costruzioni maya ed egizie e il cielo tirando fuori una penna e riempendo di schizzi e scarabocchi la tovaglia di carta che rivestiva il tavolino. «Dai, rispiegaci qualcosa che è passato un sacco di tempo e non ricordo più nulla», mi dice, strizzando l'occhio a Luca.

Nel frattempo, ci passarono accanto Giusy e Mattia, due biker romagnoli che avevamo conosciuto la sera prima: medico lui e impiegata lei, si erano conosciuti a un motoraduno e da allora avevano cominciato a viaggiare insieme, ognuno rigorosamente a bordo del proprio bolide. Il loro sogno era attraversare mezza Europa e raggiungere il suo apice e, appena andati in pensione, eccoli qua. Luca li invitò a sedersi mentre io frugai nel taschino dello zaino guardandomi intorno per cercare qualcosa su cui scrivere proseguendo il discorso. Stavamo facendo una chiacchierata sulle stranezze che il nostro pianeta mostra a queste latitudini, ripresi rivolgendomi ai nuovi arrivati: con buona pace di una frangia di folli che all'alba del terzo millennio si dice convinta che la Terra sia piatta, è una bella sfera (anche se un po' imperfetta). Adocchiai, intanto, poco lontano, una mela e un grosso melograno dentro al cestino delle colazioni e mi allungai con uno scatto per afferrarli e appoggiarli di fronte a me. «Ecco. La Terra e il Sole sono in una situazione analoga. Proprio perché il nostro pianeta è tondo, i raggi solari, che viaggiano parallelamente, raggiungono le varie porzioni della sua superficie in modo diverso, cioè con una diversa inclinazione. Se la mela fosse appoggiata perfettamente dritta sul tavolo (prendendo come riferimento per la verticale il picciolo), cioè se l'asse terrestre fosse perpendicolare al piano dell'orbita, il "circolo d'illuminazione" (che va spostandosi di continuo proprio a causa della rotazione terrestre causando l'alternanza del giorno con la notte) taglierebbe in due parti uguali il mela-pianeta facendo sì che in ogni punto della superficie, e per tutto l'anno, il dì e la notte avrebbero la stessa durata (dodici ore ciascuno), e in nessun luogo si verificherebbero le stagioni. Questo perché in tali condizioni, la quantità di luce e calore ricevuta dalle varie zone dipenderebbe esclusivamente dall'inclinazione dei raggi solari, e per ogni località si manterrebbe uniforme e costante tutto l'anno».

Nel frattempo, il giocherellare col frutto roteandolo a destra e a manca, aveva attirato l'attenzione di una famigliola seduta poco distante da noi, soprattutto di un ragazzino con una felpa arancione con stampato l'Uomo Ragno in bella mostra.

«Ringraziando il cielo» continuai «la nostra bella mela-Terra è leggermente inclinata sul piano orbitale; pertanto, durante il suo moto di rivoluzione intorno al sole si susseguono le stagioni, durante le quali la durata del giorno e della notte variano spostandosi da nord a sud e da est a ovest».

A quel punto, Aslak (poi ho scoperto il suo nome) si avvicinò incuriosito, e assieme a lui un cameriere, appena tornato da uno stage in Italia. Entusiasmata dalla piccola platea, proseguii traducendo ogni tanto con qualche parola in inglese per aiutare nella comprensione anche i genitori di Aslak che, seppur rimasti al loro posto, non perdevano una parola: «Per capire meglio come ciò accade, dobbiamo attivare l'area del pensiero astratto del nostro cervello e immaginare il nostro pianeta come una sfera trasparente sulla quale è tracciato un reticolato geografico fatto di paralleli e meridiani (che disegnai con la penna sulla mela). Sono stati inventati poiché necessari per identificare un punto sulla superficie terrestre, la cui posizione è determinata attraverso la latitudine e la longitudine. Proiettata nello spazio, tale griglia aiuta a descrivere il movimento della cupola di astri che ci avvolge, e prende il nome di "sfera celeste"».

Feci una pausa per vedere se mi seguissero e ripresi da dove mi ero interrotta: «In questa visione virtuale, siamo preda di illusioni che ci danno la sensazione di trovarci al centro dell'universo (convinzione che, alla fine, ebbero legittimamente gli antichi). La prima è una conseguenza del moto di rotazione, che ci mostra tutti gli astri, Sole compreso, danzarci intorno, sorgendo a est, culminando a sud e tramontando a ovest, secondo traiettorie a forma di archi di circonferenza di diversa ampiezza. A questa, si aggiunge l'inganno del moto di rivoluzione responsabile della falsa percezione che il Sole, nel corso dell'anno, segua un percorso in cielo (chiamato "eclittica"). Percorso che pare oscillare a cavallo dell'equatore celeste dove, nei punti in cui lo interseca, si hanno gli equinozi, mentre in quelli in cui è maggiormente distante si verificano i solstizi. Ecco, dunque, cosa accade in prossimità di queste date nelle varie zone del nostro pianeta dell'emisfero nord (per quello sud vale l'esatto contrario)».

Anton (il cameriere), finora in disparte, mi porse, per scrivere, il retro delle carte turistiche che danno gratuitamente alla reception. Ringraziando, penna in mano, cercai di fare un disegno per far capire meglio loro la seconda parte del discorso, quella più difficile: «Durante l'equinozio di primavera (che cade tra il 20 e il 21 marzo) o di autunno (22-24 settembre) la nostra stella incrocia l'equatore celeste. Ne consegue che, su tutto il pianeta, sorge esattamente a est e tramonta esattamente a ovest, il dì e la notte hanno la stessa durata in ogni luogo (a eccezione dei poli) e l'intensità del riscaldamento diminuisce con l'aumentare della latitudine. Andando più nello specifico, all'equatore (latitudine 0°) i raggi solari arrivano perpendicolari al suolo (ovvero il sole raggiunge lo «zenit», la verticale rispetto alla superficie terrestre); al tropico del Cancro (latitudine 23°26'12") la sua altezza massima è di 66°33'; al Circolo Polare Artico (latitudine 66°33') l'altezza massima è di 23°26'12"; al Polo Nord (latitudine 90°) sorge e si mantiene per i successivi sei mesi sopra l'orizzonte dando inizio alla lunga estate polare (al contrario, nel giorno dell'equinozio di autunno il sole tramonterà e rimarrà sotto l'orizzonte per sei mesi, dando vita alla lunga notte polare). Infine, alle latitudini intermedie la sua altezza corrisponderà al valore risultante dalla sottrazione di 90° meno la latitudine».

Mi volsi attorno. Il pubblico improvvisato sembrava aver seguito tutto il discorso e Luca e Raffaella non erano stupiti della scena: situazioni del genere, in cui improvviso una lezione di scienza di fronte a degli sconosciuti, mi sono capitate ovunque:

treni, aerei, spiagge, macchinette del caffè eccetera. È il mio mestiere e la mia passione. E chi mi frequenta con assiduità lo sa. A ogni modo, per non farla troppo lunga, mi avviai alla conclusione: «Nei giorni del solstizio d'estate (20-22 giugno nell'emisfero nord), il sole raggiunge la sua massima elevazione rispetto all'equatore celeste. Pertanto, sorge nel punto più a nordest e tramonta nel punto più a nordovest, e solo all'equatore (dove l'altezza massima sarà di 66°33') restano costanti le dodici ore di luce e dodici di buio, mentre in tutti i luoghi a nord si avrà la giornata più lunga e la notte più breve, differenza tanto più marcata quanto maggiore sarà la latitudine. Entrando anche qui nel dettaglio, al Tropico del Cancro (latitudine 23°26'12") raggiunge lo zenit; al Circolo Polare Artico (latitudine 66°33') la sua massima è di 46°54', e in tutti i luoghi a nord è possibile assistere al fenomeno del sole di mezzanotte, quando si mantiene sopra l'orizzonte per lungo tempo (a 70° di latitudine il sole non tramonta per circa 65 giorni consecutivi, a 80° per circa 130 giorni, ai poli per metà dell'anno). Infine, al Polo Nord (latitudine 90°) raggiunge la massima altezza di 23°26'12", dopo di che comincia a calare. In pratica, qui il sole sorge il giorno dell'equinozio di primavera, raggiunge la sua massima altezza al solstizio estivo e tramonta per l'equinozio di autunno rimanendo, quindi, al di sopra dell'orizzonte per 6 mesi consecutivi. Detta altrimenti: un giorno, o una notte, durano sei mesi. Al contrario, durante il solstizio d'inverno (20-22 dicembre nell'emisfero nord) il sole raggiunge la sua minima elevazione rispetto all'equatore celeste: sorge nel punto più a sudest e tramonta nel punto più a sudovest. Solo all'equatore (dove l'altezza massima è di 66°33') restano costanti le dodici ore di luce e dodici di buio, mentre in tutti i luoghi a nord si avrà la giornata più breve e la notte più lunga, differenza tanto più marcata quanto maggiore è la latitudine. Al tropico del

Cancro (latitudine 23°26'12") l'altezza massima sarà di 43°06', quindi nel suo punto più basso. Al Circolo Polare Artico (latitudine 66°33') lambirà l'orizzonte senza varcarlo, donando una luce crepuscolare. Al Polo Nord (latitudine 90°) sarà il culmine della lunga notte polare, quando raggiungerà il punto più basso dopo esser tramontato all'equinozio di autunno. Superato il Circolo Polare Artico l'alternanza del giorno e della notte in sostanza perde la bussola, come avevamo appena visto. In effetti, Tromsø e Capo Nord si trovano, rispettivamente, a 400 e a 500 chilometri a nord di esso».

Terminai l'overdose di geografia astronomica poggiando la penna e incrociando le braccia con un sorriso. Anton alzò i due pollici e tornò al suo lavoro mentre il piccolo Aslak rubò la mela e sgattaiolò a mangiarsela da qualche parte. Con gli altri ci scambiammo i contatti promettendo di rivederci prima o poi. Nel frattempo, la notte doveva essere arrivata, le mie energie si erano completamente esaurite e decidemmo di andare a letto anche sotto un cielo che brillava. Raggiunsi la mia accogliente camera, strangolai l'ultimo rigurgito di luce dietro due spesse tende color nocciola e mi abbandonai a un sonno profondo.

4. Attraversando confini

Rovaniemi - Luosto (Finlandia)
Kiruna - Jukkasjärvi - Abisko (Svezia)

Che paralleli e meridiani si potessero toccare con mano lo scoprii all'improvviso un giorno di alcuni anni fa, per merito di un ragazzino.

«Professoressa, professoressa!» sentii urlare mentre una mano mi strattonava il bordo della giacca. «È possibile che un meteorite cada dentro il buco nell'ozono e ci colpisca? Che passi in mezzo ai meridiani e ai paralleli? Sarebbe una grande sfortuna, eh?» Mi trovavo al planetario all'interno dell'Istituto nautico della Spezia, dove ho insegnato per diverso tempo alle scolaresche per conto dell'associazione di astrofili di cui facevo parte. Al termine della lezione i bambini non mostravano la timidezza degli adulti, ma si lanciavano verso le domande più assurde (e spesso insidiose). Il bimbo che me la stava rivolgendo in quell'occasione avrà avuto sì e no sette anni.

Sorrisi e chinai il volto verso la sua fronte corrucciata in attesa di una risposta. Gli dissi che i meridiani e i paralleli non sono oggetti reali ma solo immaginari, che servono per aiutarci a trovare le cose sul pianeta come le navi nel gioco della battaglia navale. Ma lui, tra il sorpreso e il risentito, mostrandomi con una smorfia la sua dentatura in corso d'opera, scosse la testa, dicendo che invece li aveva proprio visti e pure toccati con mano, i paralleli… e per ben due volte! La prima, passandoci sotto in auto con mamma e papà. La seconda, nella casa di Babbo Natale, dove fa tanto freddo. Poi se ne filò correndo a cercare i suoi amici.

Il piccolo non aveva del tutto torto. Effettivamente, sull'autostrada A21 Torino-Piacenza, all'altezza di Voghera, esiste un grande cartellone colorato che incornicia la carreggiata, sul cui centro spicca la forma della metà superiore della nostra penisola con su scritto «45° parallelo». Fermandosi di lato – anche se sconsigliabile – si può toccarne l'impalcatura. Anche la seconda affermazione aveva un fondo di verità, perché a Rovaniemi, nel cuore della Finlandia, in quella che è da tutti considerata la residenza di Santa Klaus, passa proprio il parallelo corrispondente a 66°33'39" di latitudine nord. È ben più importante del nostro italiano, perché da quel punto in poi, andando verso nord, si è all'interno del Circolo Polare Artico – il suo nome in finlandese è *napapijri*, che molti collegheranno all'omonimo brand italiano nato, almeno all'inizio, per il confezionamento di capi d'abbigliamento per i climi freddi –, e si può proseguire fino al Polo Nord.

Il percorso dell'«ultimo» parallelo è evidenziato da una banda bianca (stile striscia di mezzeria delle strade) intervallata col nome in varie lingue e le coordinate geografiche, e punteggiata da una serie di torrette rosse a forma di camino. Poco lontano è presente un tumulo di legno dove sono infissi vari cartelli in legno con la segnalazione della distanza di alcune località. Un ennesimo luogo acchiappaselfie, ovviamente. Tutto questo è a 8 chilometri a nord della cittadina, nella vera calamita turistica del luogo: il «villaggio di Babbo Natale».

Sono sempre molto schiva verso i luoghi superturistici, tanto più se legati al consumismo, ma quando si parla di cultura ed esperienza di viaggio non ho pregiudizi. Perciò, quando mi proposero di andare a visitare la residenza di Babbo Natale in compagnia di alcuni amici, non ci pensai due volte. (E poi avevo promesso a Cristina, la figlia di una mia cara amica, di farle arrivare una lettera proprio da lui in persona… non potevo tirarmi indietro.)

Così, insieme a Luca e Rebecca, mi ritrovai un giorno a volare verso questo regno incantato e magico, anche se, una volta arrivati, ci ritrovammo di fronte a una ben più prosastica coda di persone in fila per parlare e abbracciare il «pilota delle renne». Quando ci accolse, infine, pareva un po' perplesso dal non scorgere bambini intorno, risparmiandosi gli «Oh Oh Ohhh» e tutte le formule di rito riservate ai più piccoli. Ci chiese invece, con molto interesse (e lasciandoci molo confusi) notizie sul papa, oltre ovviamente alle ragioni della nostra visita. Come gli spiegai, porgendogli la lettera da firmare per Cristina e con in mano altri souvenir che avrei riportato in regalo a casa, in realtà la visita a lui – non me ne volesse – era solo un pretesto. Una tappa all'interno di un progetto molto più lungo e ambizioso: circoscrivere l'intero limite inferiore del Circclo Polare Artico. Le fondamenta del Grande Nord.

Tutte le stranezze astronomiche e climatiche che si sperimentano quassù, infatti, si manifestano proprio a partire da questo confine. Per percorrerne la traiettoria in Norvegia mi sono mossa nel mio racconto sin qui a ritroso: partendo dall'estremo Nord (Trømso e Alta) sono arrivata verso metà paese, tra le cittadine di Bodø e Mo i Rana.

Si può oltrepassare il confine tramite due percorsi differenti. Al tempo avevo scelto quello più spettacolare lungo la E6 che da Mo i Rana si dirige verso il teritorio svedese cavalcando un altipiano bello e selvaggio frequentato da branchi di renne. Intorno ai 7-800 metri di quota si osservano cumuli di sassi e bandierine, lascito delle migliaia di visitatori: il punto di arrivo è l'Artic Circle Centre, un edificio a forma di igloo un po' stilizzato annunciato da un cartello marrone che s'incontra un paio di chilometri prima sul bordo della strada. È un luogo parecchio turistico ma non così noto e affollato come il suo dirimpettaio nell'estremo Nord. Un veloce ristoro e una foto davanti al suo ingresso, accanto a una sorta di lapide rosa che reca esibito l'ambito simbolo, sono in realtà tutto ciò che può offrire.

Più sommaria, invece, è la segnalazione in Svezia, dove è indicato con grossi tabelloni metallici eretti su due pali ricoperti di adesivi. S'incontrano sulle strade nei dintorni di Överkalix, che si trova, più o meno, a nord del golfo di Botnia (mar Baltico).

In Russia, invece, l'elusivo cerchio (in russo Polyarnyj Krug), taglia l'arteria E105, che da San Pietroburgo arriva fino a Murmansk, prima di entrare nella penisola di Kola, nella regione della Carelia vicino al lago Nigrozero. È indicato a lato della strada da una colonna blu affiancata da un circolo del medesimo colore, montati su una base di cemento. Il tutto coperto di scritte, adesivi, bigliettini, monetine, oltre che nastri e bandierine legati a una ringhiera adibita allo scopo.

La penisola scandinava abita solo una piccola porzione del Circolo Polare Artico, che corre per ben 16 000 chilometri intorno al Polo, circoscrivendo un'area di circa 20 milioni di chilometri quadrati. Il 4% della superficie terrestre, a conti fatti. Eccoli, i confini di quel mondo onirico. Le porte di quella dimensione surreale in cui il giorno, la notte, le stagioni e ogni ritmo naturale si rincorrono a modo loro.

Quando il buio cominciò a spegnere il crepuscolo capimmo che era ora di rientrare verso Rovaniemi. Non resistemmo e facemmo una sosta davanti ad alcune lanterne colorate infisse nella neve davanti alla Grotta di Babbo Natale. È un luogo che non può non apparire magico anche al più cinico dei turisti: luci porpora, blu metallico, verde e ocra perforano il bianco ancora vivido macchiato dei colori scuri del sottobosco, quasi a sfidare le ombre sinistre pronte a saltar fuori dagli abeti silenti come spiritelli maligni. Sembra una fiaba, di quelle in cui troll ed elfi si affrontano in un'atmosfera magica che si perde nella notte dei tempi. Una visione.

La cittadina, invece, non è nulla di particolarmente affascinante, soprattutto se per la stagione è priva o povera del manto nevoso. È un agglomerato moderno con ogni comfort per i turisti ma piuttosto anonimo, fatto di edifici squadrati e di un piccolo centro urbano che ospita bar, ristoranti, negozi di sport e souvenir per tutti i gusti. Lo scorcio migliore si gode dal ponte Jätkänkynttilä, con la fiamma eterna che arde sopra il fiume Kemijoki, spesso meta di crociere. Per avere un guizzo di entusiasmo occorre pensare a ciò che si racconta sulla forma della città vista dall'alto. Dopo la sua distruzione durante la Seconda guerra mondiale, infatti, pare che il suo architetto, Alvar Aalto, abbia scelto di ricostruirla sagomandola secondo un disegno che ricorda la testa di una renna, con le strade che portano a nord, ovest e sud che raffigurano le corna. Onestamente io non sono mai riuscita a vederla.

Più stimolanti sono i dintorni di Rovaniemi. Lo zoo di Rania è a un'oretta di strada, che si percorre sul manto ghiacciato scivoloso come se si stesse sui pattini. Nel suo interno, con un percorso di due chilometri e mezzo ad anello immerso nella foresta, si possono incontrare diverse specie artiche. Mentre lo attraversavo mi soffermai su un grosso esemplare di aquila grigia che, zoppicante, stava divorando un generoso cosciotto cotto dallo staff dello zoo. In effetti, convenni coi miei amici, molti animali non arrivano qui solo per esposizione ma anche per essere aiutati. Lasciando il rapace al suo pasto, sfilammo accanto a una volpe artica assonnata e a un gruppo di castori affaccendati nella costruzione di una piccola diga accanto alla loro cuccia. Poi andammo spediti verso l'attrazione principale: sua maestà l'orso polare.

Questi animali imponenti li ho incontrati diverse volte nei miei viaggi. Una è stata allo zoo di Chicago, quando un esemplare di circa due metri e mezzo si è alzato a pochi centimetri da me e da un bimbo che mi era accanto, separati solo da una sottile lastra di plexiglass. Ricordo le sue zampone ricamate di artigli lievemente appoggiate sopra di noi, e la condensa del suo fiato sulla plastica mentre ci scrutava dall'alto. Mai avrei potuto ammirarlo meglio. Sia in quella circostanza che in altre li ho visti sempre giocherellare come bambini sguazzando dentro l'acqua. Ancor più entusiasti se con qualche palla o attrezzo da sollevare o colpire col muso tra un'immersione e l'altra. Sono animali giganteschi ma sott'acqua si muovono con grande agilità, dimenando il grosso sedere e le poderose zampe. Al Rania c'erano due giovani esemplari maschi che si azzuffavano affettuosamente, non prima che uno dei due si mettesse a giocare a nascondino con l'altro scomparendo in una falla tra i ghiacci e riemergendo altrove. Vederli spassarsela in quel gelo metteva i brividi, ancora più per lo stato delle mie dita semicongelate che, stoiche, continuavano a scattar foto per non perdere nemmeno un istante di quella scena così curiosa.

Faceva freddissimo. I –35 °C notturni avevano letteralmente congelato l'atmosfera, che si presentava come una cappa solida e nebbiosa. Impossibile respirarla senza sentire una lama entrare in gola.

Il vivaio ideale per confezionare lo spettacolo di luci che ci avrebbe tenuto compagnia lungo un tratto del percorso per Luosto, 130 chilometri più a nord. In meteorologia si chiamano «pareli» o «cani solari», e appaiono come macchie luminose nel cielo, circa 22° ai lati del sole, come se quest'ultimo si stesse specchiando ai suoi margini o fosse accompagnato, appunto, da due fedeli animali. I responsabili del gioco di luci sono i cristalli di ghiaccio di forma esagonale, spessi fino a un millimetro, che stazionano nell'atmosfera fungendo da minuscoli prismi che rifrangono la luce. L'effetto avviene quando l'osservatore si trova sul loro stesso piano mentre il sole è basso sull'orizzonte. Non di rado pare di osservare tre soli, quindi si può immaginare l'impatto inquietante che ebbe sui popoli in epoche antiche. I «cani solari» possono apparire anche sulle nostre montagne nelle ore prossime al crepuscolo, ma incontrarli nel cuore dell'Artico suscita tutt'altre sensazioni.

Percorremmo chilometri di strade deserte avvolte da fitte foreste di abeti coperti di neve alternati a qualche slargo e lunghi rettilinei bianco latte, non di rado attraversate d'improvviso da gruppetti di renne. Poi, nei pressi del distretto di Sodankylä, compavero le prima casette di legno del villaggio. Ci trovavamo nel cuore del parco nazionale Pyhä-Luosto, che miliardi di anni fa rivaleggiava in altezza con le nostre Alpi; poi il tempo e il lavorio degli elementi hanno spianato ogni cosa e oggi il suo picco più elevato non supera i 540 metri di quota. Le sue rocce antiche e travagliate, però, custodiscono preziosi gioielli come le ametiste. Per qualche ora è possibile improvvisarsi novelli minatori e andarsene a cercare qualche frammento da riportare come ricordo nella miniera soprastante il paese, dopo averla raggiunta sulla cima della collina in una lentissima salita a bordo di un gatto delle nevi di color viola a forma di siluro, con su scritto «Piccolo Pendolino». La presenza di un camminamento al coperto conduce al luogo degli scavi, dove con un po' di fortuna e l'aiuto della piccozza offerta dal personale si può anche trovare qualche buon cristallo, come capitò a me durante quel viaggio. L'aspetto divertente della ricerca è la spietata competizione: mentre scavavamo con la punta del martello e le dita ben protette dai guanti, continuavamo a lanciare uno sguardo circospetto sul bottino dei vicini, soprattutto quando sentivamo esclamazioni di giubilo o scorgevamo con la coda dell'occhio qualcuno che si avventava per terra a raccogliere qualcosa. A quel punto, lentamente e con fare indifferente, ci si spostava più vicino al luogo del ritrovamento; allo stesso modo, invece si taceva come una tomba se si era entrati in un'area che sembrava promettente. Alla fine riportai a casa una manciata di esemplari discreti, che ho poi regalato alle persone care come piccolo portafortuna durante circostanze difficili o dolorose.

A Luosto, le luci aurorali assunsero la loro massima espressione artistica. La prima sera di permanenza l'aria continuò a restare gelida e gravida di ghiaccio, tanto che i *pillar* formati dalle luci domestiche sembravano colonne solide: sottili stalattiti, incorniciavano ogni cosa, tetti, lampioni, auto. L'aria graffiava. Dopo cena ci recammo a sorseggiare del liquore al mirtillo nella hall del delizioso albergo in cui alloggiavamo, decidendo il da farsi. Per quanto piccolo, questo paesino è pieno di lampioni gialli che inquinano il cielo trasformandolo in una cortina giallognola impenetrabile. Questa è una delle cose dell'amministrazione dei paesi nordici che non mi spiego: da diversi anni a questa parte il turismo invernale è rivolto in prevalenza all'osservazione delle luci aurorali; dunque, è del tutto incomprensibile il perché, dopo aver percorso chilometri e chilometri per raggiungere luoghi remoti, ci si debba trovare davanti il cielo deturpato, impastato dai vecchi sistemi d'illuminazione ai vapori di sodio. Perché non mettere luci a led e di bassa intensità e spegnerle in orario serale?

Eravamo indecisi. Il dubbio era se affrontare le insidie del gelo in auto per cercare un luogo sufficientemente buio dove osservare il cielo pulito oppure accontentarci di ciò che offrivano i dintorni a piedi. Nell'attesa di digerire il pasto, Luca e Rebecca si cimentarono in una partita a carte, mentre io rimasi inquieta. Quando si va in giro per il mondo ci si porta appresso il proprio vissuto, e in questi luoghi silenziosi tutto ciò che hai dentro fa un gran fracasso: una telefonata con l'Italia mi aveva innervosito e avevo voglia di stare un po' sola. Mi bardai di tutto punto e avvertii nella hall che sarei andata a fare un giro in avanscoperta, con un certo sbigottimento dei miei compagni. Presi l'auto pattinando sulle gomme senza controllo per tutta la piccola discesa d'ingresso all'entrata dell'albergo, poi, un po' barcollando e un po' sobbalzando sopra ai cumuli di neve mi rimisi in pista. Per fortuna non dovetti fare molta strada: le insegne per raggiungere le rive di un laghetto erano proprio fuori dal paese.

Parcheggiata l'auto, imboccai a piedi un sentiero che si inoltrava nel bosco, costellato qua e là di alcuni paletti sormontati da una luce fioca. Non temo la solitudine nei boschi perché sin da piccola, da accanita astrofila, sono stata abituata a cercare luoghi appartati per osservare e fotografare il cielo. Senza alcun dubbio mi mette più a disagio il caos delle città. Dopo qualche minuto di camminata, d'improvviso apparve lo spiazzo bianco delle acque congelate del lago, ricoperte di neve immacolata. Mi sedetti vicino a una baracchetta di legno sull'estremità di un pontile. Il silenzio era assoluto. L'aria, pesante e immobile. Si udiva solo qualche lieve tonfo, ogni tanto, della neve che cedeva alla gravità scivolando giù da qualche ramo. Mentre osservavo la nube del mio respiro che faticava a dissolversi mi trovai a meditare su dove mi trovavo, e cosa realmente ci facevo lì. Cosa cercavo? Cosa aspettavo? Fuggivo da qualcosa o semplicemente stavo inseguendo qualcos'altro? Perché alcuni esseri umani non varcano i confini delle proprie città o, addirittura, delle proprie abitazioni mentre altri vanno a cercare e, talvolta, a rischiare la vita altrove? Cosa ci accomuna? Cosa ci distingue? I pensieri si avvicendano intensi ma lenti, quasi affaticati dalla morsa del gelo. E mentre mi perdevo con lo sguardo vagabondo nel riverbero della superficie lacustre, un luccichio verdognolo mi ridestò. Silenziose, le luci aurorali si materializzarono sopra di me, macchiando di drappeggi colorati la conca di cielo ritagliata dagli abeti. Qualche minuto di avida contemplazione e poi saltai su come un grillo e di corsa raggiunsi la macchina, guidando come un'ubriaca fino all'albergo per dare l'allerta a Luca e Rebecca, che intanto mi aspettavano appiccicati alla finestra della hall perché avevano cominciato a preoccuparsi.

Mi sbracciai urlando di correre a vestirsi e uscire già da fuori, tenendomi alla portiera aperta dell'auto per non rompermi l'osso del collo. «C'è l'aurora» gridai: «prendete guanti e cappello, cavalletti e fotocamera e andiamo, veloci». In risposta, i soliti borbottii di Luca che, di carattere pacato, viene regolarmente brutalizzato dal mio impeto. Rebecca gli assomiglia, ma più che infastidirla il mio entusiasmo di solito la diverte. Dopo tanti anni e dopo tante aurore viste, questo spettacolo non finisce mai di eccitarmi, come una scolaretta alle prime armi. Lungo tutto il tragitto andai come un fulmine, scatenando gli improperi di Luca che contorcendosi in macchina urlava: «Piano! Vai piano! Vorrei arrivarci vivo a vedere l'aurora!».

In tre la manovalanza fu più rapida e le foto più numerose e curate. Quando venimmo via dal laghetto l'adrenalina era ancora alta (anche perché nel mentre avevamo fatto fuori una buona dose di liquore al mirtillo) e la notte era giovane. Quindi ci dirigemmo verso un'altra area di parcheggio, ai piedi della miniera, da dove partono le navette per la visita. Lì, però, il chiarore del paese è ancora di disturbo, e si mantiene tale per svariati chilometri visto che i lampioni cominciano a comparire già alla periferia del centro abitato; usciti dal loro raggio d'azione, però, si incontrano solo strade e boschi. Nel frattempo, le luci avevano ricominciato a danzare con colori diversi, e così ci fermammo nel bel mezzo della carreggiata su un lungo rettilineo. In sicurezza, ovviamente, poiché per chilometri è possibile vederne l'orizzonte della strada. La mia resistenza al freddo è nella media, ma le mie dita sembrano avere una marcia in più: così quando, a un certo punto, i miei amici si rintanarono in auto semicongelati, io continuai imperterrita a scattar foto. Poi un dono inatteso: l'orizzonte si tinse all'improvviso di giallo, mostrando un'aurora davvero rara e insolita.

Tornati a Rovaniemi, decidemmo di gironzolare ancora un po' per le sue vie in cerca di qualche souvenir prima di volare verso casa.

Vedendola a un orario e con una luce diversa, la cittadina mi ricordava Kiruna, la capitale della Lapponia svedese 145 chilometri a nord del Circolo Polare che avevo visitato anni prima. Sebbene più piccola (ha un terzo dei suoi abitanti) mostra anch'essa un abito moderno dopo esser stata riedificata in seguito alla guerra. Più che voluta e pensata, Kiruna è apparsa un pezzo dopo l'altro, suo malgrado, all'inizio del secolo scorso, come conseguenza della nascita di una delle miniere di ferro più grandi del mondo, alle sue spalle, sulla collina di Kirunavaara. I boati notturni delle cariche esplose nel sottosuolo sono un biglietto da visita difficilmente ignorabile. Nei mesi estivi, quando perde il manto nevoso immacolato ed emerge la sua vera natura, la forma terrazzata e la colorazione brulla la rendono inquietante.

La produzione della miniera non copre solo il fabbisogno della Svezia, ma provvede per un 90% a quello di tutta Europa. Gli scavi iniziarono negli anni sessanta a cielo aperto, ma seguendo i filoni come un segugio i minatori sono arrivati a 500 chilometri di tunnel, che giungono fino a un chilometro e mezzo sotto la montagna e trecento metri sotto il livello del mare. Esplorarli è un'esperienza unica perché si entra tra le braccia di una piccola metropoli fatta di ristoranti, bar, uffici e, addirittura, un museo e un auditorium ultratecnologico. Tutto magistralmente controllato da efficienti sale operative e connesso con ascensori che, rapidamente, risalgono in superficie. L'aspetto più impressionante sono le strade, regolamentate con tanto di incroci, semafori e segnaletica. Ai loro lati, cumuli di *pellets* (piccole sfere) in cui viene ridotto il minerale, poi caricato sui treni per la cittadina norvegese di Narvik, poco distante, e imbarcato per diverse destinazioni per essere lavorato.

Il ferro è un altro dono di queste vecchie rocce che, nel tempo, non hanno ancora dato cenno di esaurimento. Tanto che la caccia alle vene metallifere ha fatto espandere la miniera anche lateralmente, trasformando il suolo sul quale poggiano i caseggiati in un vero colabrodo. Così, per scongiurare un catastrofico inghiottimento – incredibile a immaginarsi ma non a realizzarsi –, nel 2004, dopo una serie di indagini *ad hoc*, le autorità hanno progettato un'impresa titanica: trasferire la città quattro chilometri più a est. Avete letto bene. Non abbatterla e ricostrurirla: traslocarla proprio, smantellando e rimettendo in piedi «più in là» una ventina di edifici storici. I lavori sono iniziati nel 2014, con l'obiettivo di essere ultimati entro la fine del secolo. Con calma, insomma, in pieno stile lappone, ma con decisione.

Ci sono poi edifici che non hanno questo problema, come il famoso hotel di ghiaccio nel piccolo abitato di Jukkasjärvi, che viene smontato e rimontato ogni autunno secondo un progetto sempre nuovo e originale, grazie a temperature rigidissime che si presentano con puntualità e permettono a qualche migliaio di tonnellate di ghiaccio e neve di essere modellate come pongo, mantenendosi fino al disgelo primaverile.

Un anno mi sono presentata davanti alle sue porte con un gruppetto di amici: a parte bar, ristoranti, cinema, palestra e altri spazi, diciamo ordinari, eravamo curiosi di vedere come se la cavavano con i servizi essenziali più delicati come bagno e camera da letto. Sulle toilette ci siamo subito tranquillizzati nello scoprire che era una normale baracchetta riscaldata al di fuori della cupola di ghiaccio. Per le camere, invece, la tragedia: l'intero mobilio è di solido ghiaccio, con motivi decorativi intagliati da artisti locali che spesso richiamano simboli o divinità erotiche come Cupido, Afrodite ecc. Il tutto illuminato con luci soffuse colorate, dove domina la componente blu che esalta le sfumature del ghiaccio. Sopra il giaciglio, una pelle di renna e un sacco a pelo fornito dai gestori che lascia scoperto soltanto il viso. Un sogno, in teoria, ma che si scontra col disagio fisiologico non indifferente di passare un'intera notte a –5 °C.

Chi supera la prova è poi ritemprato con una colazione a base di succo di bacche caldo servito a «letto», con la cameriera che entra con la carriola e sparge dappertutto neve fresca a mo di cambio lenzuola. Ritenendo che non ci siano molte persone che si prendano la briga di disperdere il proprio calore e le proprie energie per spiare gli altri, la privacy è protetta soltanto da una tendina bianca di cotone affissa all'ingresso di ogni camera. D'altronde sarebbe difficile costruire cardini e cerniere di ghiaccio.

In quell'occasione nessuno di noi rimase attratto dal pensiero di passare una notte dentro quel freezer, e onestamente penso che sia una tentazione ben lontana dal popolo mediterraneo. Vedo l'impresa più consona a qualche «focosa» coppietta di nordici in luna di miele dopo aver trangugiato parecchio alcol, o a esploratori che si allenano per qualche spedizione estrema. Noi eravamo già abbondantemente assiderati dopo il giro turistico di un paio d'ore scarse, peraltro pagato a peso d'oro.

La Lapponia svedese è una terra estremamente selvaggia, remota e isolata rispetto a quanto ho potuto visitare della parte norvegese.

Ne è un perfetto esempio Abisko, un piccolo paese 250 chilometri a nord del Circolo Polare. Il parco nazionale che lo circonda è il secondo più antico di Svezia ed è delimitato su tre lati dalle montagne, mentre nel terzo dal lago glaciale di Torneträsk, profondo circa 168 metri e lungo una settantina di chilometri. Al di là delle bellezze paesaggistiche, chi arriva fin qui lo fa per una ragione ben precisa: la caccia alle aurore in una zona considerata tra le migliori al mondo per osservarla. Tale primato si deve a una concomitanza di fattori orogenetici e atmosferici che mantengono l'aria secca e il cielo sgombro di nubi per la maggior parte dell'anno.

Ho visitato Abisko in periodi differenti raggiungendolo da percorsi diversi. Uno è stato in treno partendo dalla cittadina di Narvik, in Norvegia: questo convoglio è minimale, composto da un paio di carrozze. Niente a che vedere col serpente di sessanta vagoni che fa la spola con Kiruna una dozzina di volte al giorno per trasportare le montagne di sferule di ferro ammassate a cielo aperto. Per lunghe tratte, la linea di 168 chilometri che viene percorsa in circa due ore è a un solo binario, che si snoda per il paesaggio prima montuoso e poi sempre più collinare fino ad appiattirsi. L'arrivo a destinazione è inquietante. La stazione è minuscola e deserta. Tutto funziona (luci, riscaldamento) ma non c'è anima viva, tanto meno un capostazione o personale impiegato. Si è nel nulla, e quando la coda del treno svanisce lentamente, sale una certa istintiva apprensione.

In quell'occasione ero con Valentina, un'amica fotografa: erano i primi di aprile, quindi le giornate si erano allungate parecchio e almeno non eravamo minacciate dall'oscurità. Ma forse quel bianco ininterrotto era ancora peggio: nessuna insegna, nessuno a cui chiedere uno straccio d'informazione e due enormi valigie da trascinare in mezzo a un palmo di neve fresca, dopo esser discesi a singhiozzi dalla rampa ghiacciata della stazione. Il primo volo d'angelo l'ho fatto là, ritrovandomi secca sulla schiena; in quei giorni ce ne furono diversi altri, anche colpa di scarpe non adeguate.

Per arrivare a destinazione l'unico indizio che riuscivamo a intercettare era una serie di orme (umane) rimaste incise nel ghiaccio, che ci portarono ad avvistare il nostro albergo a una manciata di minuti di distanza oltre la linea ferrata e la statale E10. L'Abisko Turist Station più che un singolo albergo è un piccolo villaggio provvisto anche di cottage e servizi di ostello: la location è favolosa ma all'imbrunire ci rendemmo conto dell'inquinamento dato dalle luci gialle emesse dalla struttura. L'aspetto positivo, però, è che verso nordest si affacciava la vastità del lago, cosa ottima, poiché le luci aurorali emergono quasi sempre dall'orizzonte nord; quando sono intense, ricoprono ogni angolo di cielo.

L'indomani percorremmo i 700 metri che separano l'albergo dal lago e gironzolammo per qualche centinaio di metri lungo le sue rive per trovare un buon punto d'osservazione, scoprendo vari bivacchi intorno a una capanna di legno poco lontana dal punto di arrivo del sentiero, comprensibilmente molto frequentato. I 300 chilometri quadrati di superficie rendono l'area circostante al lago una distesa sconfinata dove, in alcuni punti, si ha la sensazione di trovarsi nel cuore di un deserto polare, lontanissimi dalla civiltà. Quando fa buio pesto le aurore cominciano a danzare: noi allora scattammo le prime immagini ai margini della piazzola dell'hotel nel lato rivolto verso il lago. Non potrò mai dimenticare il verde intenso che avviluppava totalmente un abete privo di fogliame. Quando guardo quella fotografia, ancora oggi, m'incanto ritrovando le emozioni di allora. Ho ben vivida nella mente anche una stringa di colore verde intenso che lambiva la facciata color ocra di un caseggiato, così come un'enorme «arco» verde dispiegato per l'intera lunghezza del lago, quasi a volerlo cingere e incoronare. Nella porzione centrale era attraversato da baffi verticali (chiamati «raggi») di color porpora.

A quel punto scendemmo di corsa sulla riva entrando per un centinaio di metri nel centro dello specchio ghiacciato. Il riverbero verde si specchiava sopra di noi, a tratti facendoci addirittura ombra. Lo spettacolo durò fino a quando una leggera foschia cominciò a inghiottire squarci di cielo sempre più ampi, costringendoci a rientrare, semi-ibernate. Credo sia stato uno dei momenti in cui ho patito maggiormente il freddo artico nella mia vita.

La conformazione di quella distesa bianca bordata di montagne innevate era troppo allettante, e l'indomani ci informammo per vedere se fosse possibile guardarla dall'alto. Un desiderio, questo, evidentemente molto comune tra i cacciatori di aurore, visto che sul vicino monte Nuolja è sorta l'Aurora Sky Station, una stazione d'osservazione per gustare appieno il volteggiare della «Dama verde». I 900 metri per raggiungere la cima si possono percorrere a piedi con circa un'oretta di cammino, ma la maggior parte dei visitatori predilige la seggiovia a due posti che arriva su in una ventina di minuti. In questa seconda ipotesi si deve essere preparati al freddo. Tanto freddo.

Quando andammo noi, qualche anno fa, prima di salire ci avevano dato solo una coperta marroncina stile caserma (oggi sostituita da più sobrie tute termiche) che avevo pure provato a rifiutare con orgoglio. Sia benedetta l'insistenza dell'addetto al servizio nell'avercela consegnata a tutti i costi; e pensare che occorre coprirsi bene anche gli occhi perché il vento sferza violento. Durante la traversata a ogni modo si gode di un panorama mozzafiato, purtroppo funestato dal gelo anche quando il meteo è clemente (forse sarebbe stato un progetto più saggio costruire un'ovovia, o comunque un impianto che offrisse maggior riparo).

Una volta arrivati in cima, prima tappa obbligata è il bar, il Panorama Café, dove ci si può scaldare con una cioccolata bollente circondati da un paesaggio paradisiaco. Una volta ritemprate, ci siamo catapultate fuori sulla terrazza panoramica provvista di un binocolo telescopico: il lago Torneträsk, il secondo più profondo e il settimo più grande del paese, ora aveva preso forma, così come la posizione del nostro albergo rispetto a esso. Stupendo. Intorno alla stazione, a dire il vero, non c'è altro. Tanto meglio, perché il vento perenne che spira non permette più di tanto lunghi momenti di permanenza all'addiaccio. Così, dopo aver scattato qualche foto da dove possibile, decidemmo di tornare giù.

Si potrebbe pensare che guardare le luci aurorali da un'altura sia più emozionante, magari per sentirsi più vicini al cielo oppure per avere come cornice l'intero panorama sottostante. In verità è l'esatto contrario: la prospettiva si appiattisce e si perdono gli elementi del paesaggio che si stagliano su di essa, come alberi, montagne e quant'altro. In aggiunta, le condizioni del meteo possono cambiare in fretta e quando accade ci si trova sul cucuzzolo della montagna avvolti dalle nubi con un viaggio di ritorno tutt'altro che piacevole da affrontare.

Nei dintorni di Abisko ho sperimentato per la prima volta l'ebbrezza di una lunga gita nei boschi sulle slitte trainate dai cani.

Quel giorno eravamo in tre: io, Valentina e un'altra ragazza. Le guide erano una coppia di ragazzi del posto: Erik – una statua: bello, biondo e gladiatorio –, davanti a tutti, e la fidanzata, Brita, che chiudeva la fila. Ci hanno fatto prima imbragare i cani. Dopodiché, ognuno è salito a bordo della propria slitta con una muta di cinque husky davanti, tutti in fila; io ero la quarta in ordine. Speravo fosse un'esperienza tranquilla, ma i cani litigavano di continuo tra loro, fino a che non si sono azzannati con violenza facendo esplodere una caciara tale che la mia slitta, accompagnata da una nube di neve e diversi minuti convulsi di trambusto, è piombata (non saprò mai come) in avanti di un paio di posizioni.

In quell'occasione ho assistito a una scena incredibile: Erik ha alzato di peso un cane con entrambe le mani per la pelle del collo fino a portarselo alla bocca, per poi morderlo con violenza emettendo una specie di ruggito e lanciarlo a terra. Il tapino è atterrato al suolo con un mesto «caì», ma da quel momento è filato dritto e buono come uno scolaretto. Il bel vichingo ha fatto valere il suo ruolo di capobranco, a prescindere dal fatto che avesse due sole zampe e nessuna pelliccia. Lì per lì rimasi un po' impressionata e infastidita da quella scena, che mi appariva come un'aggressione gratuita nei confronti di quella povera bestia. Ma lungo il percorso, nel vedere le attenzioni che nutriva per loro, mi sono resa conto che il rapporto con questi animali è radicalmente diverso dal nostro, perché diverso è il contesto dove interagiscono che, nel tempo, ha fatto la differenza tra la vita e la morte.

Il Grande Nord ha due volti opposti e complementari: quello in cui regna l'eterna luce e quello in cui impera l'eterno buio. Per comprenderlo, occorre viverlo in questa dualità.

Per me, negli ultimi anni la Lapponia è diventata un terreno di caccia per le aurore boreali. Dopo aver ammirato la prima sono rimasta stregata e non sono riuscita più a frenare il desiderio di vederne ancora e ancora. Ogni volta c'è la curiosità di come possa presentarsi. Con che forma, colori. E poi subentra la vanità di collezionare le foto scattate e la giocosa competizione con altri fotografi. Non tutto il nord è adatto. La fascia di latitudine ottimale cade tra il 60° e 70°. Questo perché le particelle provenienti dal sole vengono convogliate verso i poli del nostro pianeta come fossero imbuti producendo un ovale, cioè una sorta di banda ellittica attorno ai poli magnetici.

Nel suo interno si ha la visione migliore. Al contrario, se ci si trova al di sopra, la prospettiva rende le aurore molto blande. Il movimento delle particelle avviene lungo le linee di forza del campo geomagnetico che fungono da binari. Dunque, le fluttuazioni che si osservano dipendono dalla loro configurazione e dalla velocità con la quale cambia in relazione all'impatto tra i fasci di energia e i gas atmosferici. In caso di eventi eccezionali come brillamenti o eruzioni di massa coronale, poi, il flusso in arrivo è talmente abbondante che inonda letteralmente l'atmosfera arrivando anche a basse latitudini, come accadde nel 1859. Quell'anno ci fu un mega flare solare conosciuto come «evento di Carrington» (dal nome del suo osservatore) che riversò talmente tanto plasma verso la Terra e l'atmosfera da folgorare i telegrafisti. Le aurore si videro anche a latitudini tropicali, creando contrasti inimmaginabili.

La stagione delle aurore normalmente va da ottobre ad aprile perché prima o dopo c'è troppa luce (che a seconda delle località, sopra il Circolo Polare, diventa ininterrotta). Dunque vederle a novembre o a febbraio è la stessa identica cosa e la differenza la fa solo il fattore fortuna nel cadere in un momento di grande o minima attività solare. C'è anche da dire che durante la «notte artica» non è sempre buio: di giorno la quantità di luce è l'equivalente di una giornata fortemente nuvolosa, o se sereno, di un luminoso crepuscolo. Quindi occorre aspettare sempre e comunque le ore centrali della notte per avere le migliori condizioni d'osservazione. Questa è anche la ragione per la quale si legge che dalle 22 alle 2 sia l'orario ideale, poiché il sole è alla massima distanza sotto l'orizzonte. Nella mia esperienza, però, ho visto la maggior parte delle aurore più intense e spettacolari in orario serale.

Più di una volta abbiamo lasciato la cena nei piatti per correre fuori. In un'occasione eravamo appena scesi dal pullman in arrivo dall'aeroporto e ci siamo riversati in mezzo al gelo praticamente vestiti da città! Infine, il meteo. Ovvio è che occorrano cieli limpidi e sereni, per vederle. Le zone costiere sono poco adatte perché il mare, soprattutto laddove arriva la corrente del Golfo, porta calore con conseguente nuvolosità e precipitazioni. Dunque, meglio climi continentali con aria secca e limpida, anche se temperature più rigide.

Venendo nel concreto della nostra Europa, il Nord della Norvegia è ottimale ma spesso nuvoloso, a meno che non ci si sposti nelle zone più interne. Più adatto è l'entroterra scandinavo nei paesi della Svezia e della Finlandia. Va detto che il fattore fortuna gioca sempre e comunque un ruolo fondamentale. In quest'ottica nella scelta del paesaggio subentra anche il gusto personale: le aurore che illuminano i fiordi sono da togliere il fiato, soprattutto quando si riflettono sulle acque sgombre dai ghiacci in autunno e primavera. Ma vederle danzare tra gli abeti innevati della taiga, magari con qualche renna, alce o un sami in primo piano, è ineguagliabile.

5. Tra le renne

Ivalo - Inari- lago Menesjärvi (Finlandia)

L'insieme di esperienza e conoscenze accumulate in questi anni mi hanno condotto con maggior frequenza verso la Lapponia finlandese, nell'estremo Nord del paese.

La base aeroportuale è il paese di Ivalo, che dall'Italia si raggiunge con circa cinque ore di volo tramite la compagnia Finnair, dopo aver fatto scalo a Helsinki. Prima di decollare dalla capitale, non di rado s'indugia in aeroporto ad attendere che il personale irrori le ali con violenti getti di antigelo, con una certa apprensione dei meno avvezzi ai voli. Se poi il meteo è inclemente, si può anche rischiare di trascorrere la notte in aeroporto. Una volta ci è capitato, ma per tutt'altre ragioni: scoppiò uno sciopero generale senza paragoni a livello storico a Helsinki, al quale hanno aderito anche le compagnie aeree. Una mezza tragedia che ci ha fatto perdere una notte di osservazioni rischiando di metterci ancora più nei guai, visto che i voli verso la Lapponia ci sono solo in alcuni giorni precisi. Fatto sta che in 25 abbiamo bivaccato dalla sera alla mattina nel piccolo aeroporto, setacciando ogni negozio per ingannare il tempo ma, soprattutto, spazzolando tutto ciò che era commestibile. In particolare, abbiamo preso d'assalto il chiosco degli hot dog divorandone, ora dopo ora, una quantità industriale (a onor del vero ogni panino è un paio di bocconi, e per saziarsi ne servono come minimo due o tre; ma la varietà era notevole).

In questi aeroporti si possono trovare anche snack più particolari come bastoncini o salamini sottovuoto di renna, alce e anche orso, che si consumano come si farebbe con un tronchetto di liquirizia. Satolli, ci siamo messi comodi per la notte invadendo il gate, con tanto di mascherina e copertina per non essere disturbati. Non ho mai visto ridere e scherzare con tanto gusto le persone come in quell'occasione. Come direbbe la mia saggia mamma, ogni impedimento è giovamento, e l'imprevisto si è trasformato in una divertente odissea che ha cominciato a legare il gruppo ancor prima di arrivare a destinazione. Il resto del viaggio non poteva essere altro che il successo che poi è stato.

Quando l'aereo finalmente si alzò dalla pista di Helsinki-Vantaa era già buio pesto, e dal basso riverberava, ovattato dalla nebbia, il reticolato tinto d'arancione della città. Andando verso nord le luci sotto si fanno sempre più rade fino a scomparire quasi completamente. Si galleggia nell'oscurità più totale. Dopo circa un'ora e mezza di navigazione gli sbalzi di pressione nelle orecchie avvertono che ci si prepara ad atterrare, ma se non si è dal lato giusto il buio persiste e nasconde la piccola pista, che di giorno si rivela quasi inquietante: una lastra di ghiaccio ricoperta da un velo di neve che gli addetti ai lavori si sforzano di mantenere il più sottile possibile. Ovviamente non ci sono navette ad attendere, e il centinaio di metri da percorrere al gelo (non di rado sotto bufere di neve) per entrare in aeroporto è già parte dell'avventura.

L'interno dell'area degli arrivi è minimale, anche se negli anni è stata aggiunta qualche decorazione. Praticamente solo una sala occupata dal nastro trasportatore dei bagagli. Ma c'è il pezzo forte: un angolo con tre cippi di legno incorniciati dalla grande immagine di un'aurora corredata con la scritta «Benvenuto nella terra delle luci del nord».

L'area partenze è molto più spaziosa, e provvista di un bar e diversi negozi di souvenir e artigianato. Quando salimmo a bordo del pullman per l'albergo ci fu un momento di silenzio, dovuto in parte alla stanchezza del viaggio ma soprattutto alla contemplazione del paesaggio circostante. Ciò che impressiona di più è la flemma con cui l'autista sfreccia veloce sulle strade ghiacciate, anche quando incrocia altri mezzi. La consapevolezza di dove ci si trova a ogni modo si palesa d'improvviso a tutti, quando all'orizzonte compare il didietro trotterellante di una renna nella cornice di distese ininterrotte di abeti screziati di bianco su un terreno rigorosamente pianeggiante. «Amoreee!» sentii urlare da Marzia ed Elena dietro di me. «Non possiamo fermarci? La vorremmo accarezzare» chiedevano. Quando ho provato a tradurre la domanda ad Ari, l'autista, mi ha dapprima fulminato con gli occhi e in un secondo momento, capendo l'innocenza della domanda, ha spiegato loro che, al di là del fatto che non era possibile sostare in mezzo alla strada perché pericoloso, non si sarebbero mai lasciate avvicinare.

Col tempo e l'esperienza ho potuto appurare quanto avesse ragione. Questi animali sono schivi. E più risoluti di quel che sembrano. Vedere i loro occhioni dolci sotto la furia degli elementi intenerisce e attrae, ma non bisogna farsi ingannare dalle apparenze. Sono «macchine» costruite ad hoc per i climi rigidi. Possiedono una pelliccia molto folta e lanosa come barriera impenetrabile per il freddo e l'acqua, e zoccoli di larghezza notevole con la superficie leggermente concava e fittamente ricoperti di pelo, che permettono loro di camminare sulla neve con una certa facilità, senza affondare, oltre che rimanere isolati e quindi protetti dal contatto col suolo. Hanno un setto nasale strutturato per scaldare l'aria inalata e un potentissimo olfatto che le aiuta a scovare il cibo sotto la coltre di neve fino a sessanta centimetri di profondità. Il colore dei loro occhi muta a seconda delle stagioni, per adattarsi alla diversa quantità di luce presente e poter vedere senza problemi: in estate sono verdeoro, mentre in inverno diventano blu. Inoltre, captano la frequenza ultravioletta. La loro strategia evolutiva prosegue anche nella riproduzione. Le femmine, ingravidate nell'autunno precedente, intraprendono la migrazione circa un mese prima dei maschi e, seguendo percorsi consueti, si recano a partorire in luoghi sicuri poiché già noti, dove danno alla luce i piccoli con una sincronia straordinaria (la quasi totalità delle nascite ha luogo nella seconda metà di maggio). Ne consegue che, avendo la stessa età, i cuccioli si muoveranno con la medesima velocità e in modo solidale, scoraggiando i predatori (soprattutto lupi). I piccoli partoriti, dopo un'ora seguono già la madre, ed entro il mese e mezzo sono svezzati e brucano vegetali. La vita media di una renna va dai 15 ai 18 anni.

Al gruppo di amici raccontai che quella che avevamo appena incrociato era una femmina perché il maschio è più grande, ma entrambi sono dotati di corna. «Siete contente? Finalmente la *par condicio*», irruppe Livio con un umorismo un po' da bar. «Le femmine, però, le hanno in genere meno sviluppate» gli rispose a tono la moglie Milena. Sono una coppia solida e affiatata che battibecca e si punzecchia spesso in stile *Casa Vianello* facendo sbellicare tutti dal ridere, e mi hanno accompagnato più volte nei miei viaggi. Ripresi a parlar di corna e palchi aggiungendo che le femmine le perdono subito dopo la stagione dei parti, mentre i maschi le perdono alla fine della stagione degli amori, dopo averle usate per conquistare la propria partner. Il grado di dominanza dei sessi si inverte periodicamente, col sesso forte che impone il proprio dominio durante la primavera e l'estate fino alla stagione riproduttiva, mentre le femmine divengono dominanti durante l'inverno. Gli individui che possiedono palchi di dimensioni maggiori sono riconosciuti dagli altri come dominanti. Ovviamente Milena non lasciò cadere l'opportunità della battuta commentando che alla fine «i maschi sono più forti solo perché più cornuti». Livio si astenne dal ribattere. L'alimentazione delle renne è a base di muschi e licheni durante il periodo invernale, mentre in estate s'ingozzano di erba e foglie di betulla, funghi e avena. Per i popoli sami è sempre stato un animale di cruciale importanza, rappresentando la forma principale di sussistenza, tanto che nella loro lingua gli sono dedicate più di 400 parole. Addirittura, nel sistema metrico finlandese esiste un'unità di misura dove la singola unità corrisponde, all'incirca, a 7,5 chilometri, cioè la distanza che una renna può percorrere prima di doversi fermare a urinare. In un giorno possono compiere dai 20 ai 60 chilometri.

Due renne accovacciate lungo il margine della strada per Luosto (Finlandia). Questi animali sono il simbolo della Lapponia.

«Però sono buone anche da mangiare!» proruppe una voce da dietro, tirandosi dietro l'indignazione di buona parte del pullman. In effetti, purtroppo per loro, la carne è squisita: magra, proteica e gustosa ma senza saper troppo di selvatico. Negli anni l'ho mangiata cucinata in mille modi: dalle zuppe agli spezzatini (accompagnate da vegetali tipo patate, carote, broccoli, cavoli, cipolle e funghi), dagli hamburger alle bistecche. I popoli che le allevano non buttano via nulla: grasso, pelli, corna, e via dicendo. Mi rendo conto che qualcuno potrebbe tacciarmi di cinismo per essermi cibata di questo nobile animale, e confesso che non ne vado fiera. Non amo la carne proprio perché non riesco a ignorare totalmente il «prezzo» emotivo, ambientale ed etico di averla del piatto. Ma nei paesi nordici, al rientro da una giornata faticosa, non si riesce a mettere troppi paletti; la carne di renna è un alimento centrale di questa cultura alimentare, un po' come polenta e salsicce nel Nord del nostro paese.

Ivalo si trova a pochi chilometri dall'aeroporto, ed è il primo insediamento a comparire dopo l'atterraggio nel nulla. Più che un paese è un raggruppamento di edifici, sorti sulle rive dell'omonimo fiume, per i servizi essenziali (alberghi, supermarket, distributori…). È anche una famosa località turistica per gli sport invernali, oltre che base logistica per tour ed escursioni varie ed eventuali dei cacciatori di aurore. Non ha un centro vero e proprio ma si sviluppa lungo la strada principale, per poi diradarsi e sparpagliarsi in una zona abbastanza estesa.

Percorrendo la statale E75 verso nordovest, dopo 32 chilometri s'incontra il paese di Inari, non prima di aver ammirato qualche scorcio dell'omonimo lago. Con oltre 1000 chilometri quadrati di superficie e una profondità massima di 95 metri, è il terzo più grande del paese per estensione, alimentato da tre fiumi e collegato al Mare di Barent dall'unico emissario Pasvik. Nelle sue acque, che brulicano di diverse specie di pesci come coregoni, lucci, salmoni di lago, pesci persici e trote, si possono effettuare crociere sia in barca che in motoslitta, a seconda della stagione. Io andai in estate con un'imbarcazione che fece una gincana tra una miriade di isolotti selvaggi (pare ne siano stati censiti 3300). Ne visitammo quattro: a Hautuumaasaari (o isola del cimitero) avveniva la sepoltura degli antichi Sami, mentre l'isola Ukonsaari (che significa «pietra di Ukko»), è un luogo di sacrificio dove i nativi facevano le offerte al dio del Tuono. Una delle ultime tracce del culto, ancora vivo fino all'inizio del secolo scorso, potrebbe essere stata l'usanza di gettare una o due monete nell'acqua vicino all'isola per auspicare un vento favorevole. All'isola Korkia-Maura, invece, andammo per vedere la sua grotta di ghiaccio. Per secoli la sua superficie è stata perennemente ghiacciata, tanto che veniva usata come freezer dai pescatori. In anni recenti, però, con l'aumento delle temperature, in estate è possibile vederla sgombra dai ghiacci. Infine, abbiamo fatto una fermata all'isola Kaamassaari, che ha ospitato durante la guerra un campo di prigionia tedesco. Questi siti si possono raggiungere anche in motoslitta in inverno col lago ghiacciato, ma preferisco quelle circostanze per altri tipi di esperienze. Per esempio pescare: si prende una trivella meccanica, si fa un bel buco e si getta l'esca, aspettando (e sperando) che qualcosa abbocchi mentre si beve qualcosa di caldo. (Una sola volta ho catturato una piccola trota salmonata, ma per la cena mi sono affidata senza esitazioni al ristorante.)

Inari è un piccolo villaggio, anch'esso distribuito lungo la strada principale. I primi caseggiati che s'incontrano sono l'omonimo albergo proprio sulla sponda del lago e, dal lato opposto, un paio di pub, il supermercato, il distributore di benzina e gli immancabili negozi di souvenir, contenenti anche diversi articoli di artigianato locale. Nel maggiore di questi ormai sono un'habituè: ogni volta che l'autista mi ha lasciato con un gruppo là davanti per un'oretta è subito iniziata la razzia di artigianato locale, peraltro a prezzi carissimi. Negli anni ne ho viste di tutti i colori: per esempio, la mia cara amica Lucia uscirne con in testa un bizzarro cappellino di lana provvisto di corna di renna (che mette molto spesso anche in città). «Così non potranno mai darmi della cornuta. Metto le mani avanti!» aveva commentato ridacchiando con fare autoironico e spavaldo. Piero, che ormai da venticinque anni ne è il marito, scosse la testa ridacchiando mentre le passava davanti con un cesto di varie corna di renna destinate a essere trasformate negli utensili più disparati dalla sua creatività e dalla sua passione per il faidaté. La loro casa a Challand-Saint-Victor, in Val d'Ayas, è infatti adorna di tanti piccoli oggetti rintracciati nei viaggi o reinterpretati.

C'è sempre chi invece si dedica all'acquisto di vestiti pesanti in lana locale, come cappelli, guanti, scaldacollo e una quantità industriale di magliette. Per esempio Marzia, una signora ricciolina, con gli occhiali tondi alla Harry Potter che nascondono due occhi grandi verdeazzurri, la quale, dietro al suo aspetto dolce e fanciullesco, è una brillante e autorevole cardiologa, riporta ogni volta a casa da questi viaggi sacchi di gadget per tutti, soprattutto i colleghi di lavoro.

Infine ci sono i «coltellofili» come me: ne ho di tutte le fogge e dimensioni e nell'Artico mi sono potuta sbizzarrire. Proprio a Inari ho rintracciato uno dei pezzi migliori, regalatomi proprio da Marzia e dall'amica Chiara. Il manico è di legno bianco inciso di simboli sami mentre sulla lama sono raffigurate le fasi lunari. Un gioiello.

Usciti dal negozio, percorrendo la strada in direzione opposta all'arrivo, si può attraversare il fiume Juutuanjoki. Verso la fine di gennaio e per un paio di mesi nelle ore pomeridiane, quando il sole si approssima a tramontare, il ponte che lo sovrasta offre visuali indimenticabili: dal lato verso monte, si osserva il blando meandro che sbuca dall'abetaia incendiato di rosa acceso sulle punte innevate, che fa da cornice al suo ampio letto bianco punteggiato di chiazze d'acqua, più scura, originata dal disgelo. Dalla parte opposta, invece, si apre lo slargo del lago d'Inari che accoglie le sue acque. Nell'enfasi di farsi mille foto sullo sfondo di tale fiabesco scenario, occorre solo fare attenzione a non farsi investire dai veicoli che sfrecciano come dannati.

Poco distante dal ponte, spunta l'edifico moderno grigio del Siida. Nell'interno si trova il museo Sami e il centro naturalistico della Lapponia settentrionale. Il suo contenuto è finalizzato a preservare l'identità culturale dei nativi, e raccoglie moltissimi manufatti, reperti, foto, abiti tradizionali, oltre che informazioni sulle loro lingue (oggi se ne parlano ancora 4: finlandese, il sami di Inari, il sami del Nord e il sami skolt), sui mezzi di sostentamento, le strategie di sopravvivenza, ecc. Il tutto nella varietà dei paesaggi che si susseguono con i cicli stagionali e le condizioni meteorologiche, ben simulati tramite appositi pannelli.

Nelle vicinanze, superato il ponte e dal lato opposto del museo, appare l'imponente edificio in legno e vetro del Sajos, il centro culturale sami e il più grande centro congressi ed eventi della Lapponia settentrionale. Prima della sua costruzione i 22 membri dell'assemblea dei sami finlandesi dovevano riunirsi in alberghi o in case private. Costruito nel 2012 con finanziamenti dell'Unione Europea, nel suo interno ospita anche il parlamento sami della Finlandia, un archivio musicale, una biblioteca sami, alcune mostre e un negozio di artigianato.

Di una delle visite conservo il ricordo di Maria che intona un pezzo lirico all'interno della sala principale. Inaspettatamente e all'insaputa di tutti, dal nulla ha riempito di note quell'enorme platea con la stessa enfasi che usava abitualmente davanti al suo folto pubblico. Da anni si era dedicata in modo dilettantistico all'opera. Sarebbe prematuramente scomparsa qualche anno dopo; il suono della sua voce melodiosa da quel giorno mi accompagnerà sempre.

La nostra meta principale, da qualche anno a questa parte, è il lago Menesjärvi, a una quarantina di chilometri da Inari e il doppio da Ivalo. Niente luci. Niente civiltà. Una culla comoda e accogliente totalmente immersa nella foresta, che prima di arrivare sfila scura e misteriosa ai margini del cono di luce dei fari del pullman. Tante volte mi sono sentita dire: «Dove ci hai portati, Sabrina?». Oppure: «È completamente isolato... però che meraviglia!». Ogni volta io mi cullo nell'orgoglio in silenzio, come il giocatore di poker che finalmente può calare i suoi assi, sorprendendo tutti.

Quando arrivammo, durante quel viaggio, era già buio e le stelle «pigolavano» fulgide in cielo. Anche se fu solo l'indomani mattina che tutti avrebbero davvero preso coscienza del luogo, guardando il sole nascente infilare sciabolate aranciate attraverso la fitta abetaia, l'emozione era già al massimo. Si ritorna fanciulli in quei momenti: si vuole correre a guardare tutto ciò che ci circonda. E là intorno, a poche decine di metri, c'è un lago completamente gelato che corre lungo la calotta dell'orizzonte. Tutti infagottati ci dirigemmo verso il centro, chi camminando, chi correndo. L'aria era frizzante, le nuvole erano basse; ci trovammo immersi nel bianco più assoluto, attraversati da un vento sferzante, senza pietà. Ci sdraiammo. Rotolammo, in quella vastità. Ognuno, tornato all'infanzia, voleva la sua foto ricordo col naso e le gote rosse, le ciglia bianche e pesanti.

Poi il chiarore si diradò e la palla aranciata si rivelò mentre lambiva l'orizzonte. La sua luce radente svela geometrie nascoste. I nostri piedi poggiavano su una superficie ondulata come la sabbia del mare nei primi metri di battigia, che noi geologi chiamiamo *ripple*. In spiaggia è il mare il mastro scultore, qui, il dio Eolo. I *ripple* sono onde di ghiaccio in un mare bianco. Ombra di un mondo remoto, ancestrale. Poi cala l'oscurità e diffonde il *kaamos*, una luce soffusa blu scuro che si riflette sulla neve.

Era ora di far ritorno al nido di legno e scaldarsi col suo calore e una buona zuppa di carne, patate e tutto ciò che a Inge, la nostra cuoca, venisse in mente di metterci dentro. Occupammo tutto il ristorante e lo ravvivammo con le nostre chiacchiere e risate concitate, mentre la brina ghiacciata si stringeva intorno ai vetri delle finestre. Mi sono sempre chiesta perché nei paesi nordici abbiano l'usanza di mettere una luce davanti a esse: che siano lumini, candele o lampade; ovunque vi capirà di trovarvi, non ne troverete una priva di una qualche fonte di illuminazione. La cosa buffa è che non lo sanno neanche loro il motivo. A coloro a cui l'ho chiesto mi hanno solo riposto che lo fanno così, per abitudine. Forse è un inno alla luce e alla vita in luoghi dove l'oscurità domina. Chissà.

Nel Grande Nord si cena sempre molto presto. In genere dalle 18.30 alle 19.30. Cosa ottima, nel nostro caso, per poter digerire in fretta e attendere pronti e leggeri l'arrivo delle luci aurorali. Conversando, conoscendosi, affettando salamini e parmigiano e aprendo di sottobanco qualche bottiglia di vino o grappa – non si potrebbe – passammo il tempo. Eravamo un po' indisciplinati rispetto alle loro abitudini, ma ormai si erano abituati e chiudevano un occhio: una volta fummo colti con le mani nel sacco perché qualcuno aveva lasciato le provviste in bella vista; una valchiria alta due metri con tanto di cinturone di pelle con attaccati coltelli e attrezzi vari strigliò ben bene Luca e Livio che avevano avuto la sfortuna di trovarsi lì in quel momento. Vennero a chiamarmi in loro difesa, e ci fu un piccolo scontro culturale tra mare del Nord e Mediterraneo.

Dopo qualche ora, il ricordo delle selve di cemento e metallo dalle quali eravamo partiti si affievolì, accantonammo i telefonini e ci perdemmo nella conversazione. In queste situazioni sono spesso io a lanciare degli spunti, raccontando di viaggi, astronomia, geologia, misteri archeologici e aneddoti divertenti legati alle mie esperienze in giro per il mondo. Ogni tanto qualcuno buttava un occhio se ci fosse qualche indizio di aurora in cielo, mentre io illustravo le tecniche per fotografarla al meglio, utilizzando un cavalletto. Durante l'osservazione, e tantomeno nel momento dello scatto, non devono assolutamente essere utilizzati i telefonini: non solo non riescono a riprendere il soggetto in modo adeguato, ma emettono una luce dannosa. La radiazione biancoazzurra, nel buio, è un flagello per gli occhi, specie se si devono cogliere dettagli al buio. Le nostre pupille, infatti, si aprono e chiudono per moderare l'intensità luminosa; dopo un po' che si è nell'oscurità sono estremamente dilatate, fatto che consente di cogliere molti elementi in più, che nel cielo di traducono in stelle più deboli, ammassi, nebulose ecc. Quindi, se d'improvviso arriva una sventagliata di luce bianca, oltre a essere fastidiosa in sé, fa chiudere di colpo le pupille, andando a inficiare tutto l'adattamento che si era guadagnato. Ecco perché dico sempre a tutti coloro che vengono in viaggio insieme a noi di procurarsi una torcia con luce rossa, che non dà questo tipo di problema. E così non si corre il rischio di essere aggrediti o più o meno giocosamente redarguiti dagli altri osservatori del cielo, come fece Mario, una volta, facendoci ammazzare dal ridere: «Aoh! Aoohhhh!

Smorza il light!» disse a un tizio che, ovviamente, non capì una parola ma comprese perfettamente il concetto.

Per riprendere le luci aurorali occorre che la fotocamera sia messa su cavalletto, poiché i tempi di esposizione sono di qualche secondo e a mano libera la foto verrebbe mossa. Per esporre l'immagine in modo corretto bisogna equilibrare alla perfezione una serie di fattori che non sempre sono di facile valutazione, soprattutto al freddo e al buio. Gli strumenti di partenza sono un obbiettivo grandangolare (16-28 mm di focale) il più luminoso possibile (f 1.8 - 2.8) privo di filtri (tipo quelli per la protezione delle lente) che assorbono solo luce. La sensibilità da impostare oscilla dagli 800 ai 1600 ISO ma dipende molto dal modello di fotocamera che si possiede e dal suo tipo di risposta al cosiddetto «rumore», cioè a quella sgradevole grana che compare nell'immagine quando si alza troppo tale valore. Questo aspetto non di rado è stato il pretesto per far insorgere una simpatica disputa tra «canonisti» e «nikonisti», disputa credo del tutto incomprensibile al di fuori del mondo dei feticisti della macchina fotografica.

Riassumendo: con aurore intense (che quando sono tali di solito si muovono anche velocemente) non si dovrebbero superare gli 800 ISO, e mantenere un tempo di esposizione sotto i cinque secondi. Viceversa, se le correnti di luce sono deboli e lente, si può alzare anche fino a 2000 ISO il valore, arrivando a tempi dell'ordine dei dieci secondi. Di più è sconsigliabile perché le stelle nello sfondo appaiono strisciate e rovinano l'immagine. La qualità del cielo rimane sempre e comunque l'elemento più importante: occorre stare lontani dai centri abitati ma, soprattutto, da quelle maledette luci giallognole emesse dai lampioni stradali, che con l'aria satura di ghiaccio e brina, come negli ambienti nordici, diffondono enormemente fino a chilometri di distanza. Da questa postazione si ha un'ottima apertura verso nord, perché ricordo che le luci aurorali cominciano a materializzarsi da questo punto cardinale anche se non è una regola fissa.

Uno degli aspetti più sorprendenti delle luci aurorali è che arrivano silenziose, quasi di soppiatto. Un terremoto di luci completamente muto, rotto solo dalle esclamazioni di meraviglia di coloro che vi assistono. Sembra di esserne avvolti, che cadano addosso. In realtà, come abbiamo già visto, è una «guerra celeste» che si disputa a decine di chilometri d'altezza, sul tetto dell'atmosfera, e non ha alcuna ripercussione a terra.

Ormai dopo tanti viaggi lo posso testimoniare: quando le luci danzano, gli spettatori danzano con loro. Chi salta (anche un po' per scaldarsi), chi applaude, chi si sbraccia indicando quello o quell'altro drappo, chi schiamazza raccogliendo semplicemente attenzione o distribuendo grappini a tutti, chi si abbraccia in amicizia, chi si bacia per coronare un momento di grande romanticismo. E poi c'è chi resta silenzioso, quasi impassibile, e vive quella dirompente emozione con grande discrezione, chiudendosi il viso tra le mani per contenerle con eleganza, quelle sensazioni, tradite solo dal luccichio di qualche lacrima quando una qualche luce rimbalza sui propri occhi.

È un tripudio di calore ed energia che per un attimo fa sparire il gelo e ti fa sentire di trovarti al cospetto di una meravigliosa umanità: uomini e donne, anziani e bambini che si beano con ogni fibra della propria anima della bellezza che li circonda. Anche quando l'aurora se ne va, la notte fatica a finire, l'eccitazione permane; l'adrenalina è ancora troppo alta. C'è sempre nell'aria un diffuso desiderio di condividere, di fare il resoconto e mostrare il bottino fotografico, di ritemprarsi. Ovviamente c'è anche chi crolla dalla stanchezza e dal freddo e smaltisce la propria «sbornia» emotiva a porte chiuse.

Dopo un tripudio di emozioni del genere, mai mattina può essere più dolce, anche se si è reduci da un sonno eccitato. Quando la Dama verde si manifesta, è come se sollevasse il velo della terra che sovrasta e permettesse di guardare dentro al suo mistero. Un mistero decifrabile solo con la poesia che si ha dentro.

Ho rincorso le «luci del Nord» attraverso tutta la Scandinavia: dagli scorci spettacolari dei fiordi norvegesi alle montagne innevate della Svezia. La Lapponia finlandese, però, è uno dei luoghi che avverto tra i più «magici». Dall'aereo uno sguardo superficiale al territorio può esser deludente: una distesa piatta e monotona. Eppure, addentrarsi a piedi nei suoi boschi dischiude un mondo segreto fatto di piccoli dettagli che ne tradiscono uno straordinario dinamismo.

D'estate l'abetaia si colora di verde e viene inondata di luce, che scintilla sullo specchio di laghi e fiumi che s'intrecciano come un labirinto intorno alle colline. In questa stagione l'acqua è l'elemento dominante: i suoi colori, odori, suoni e le innumerevoli forme creano microuniversi ricolmi di vita; paesaggi ameni, paradisi dall'aura fiabesca.

L'inverno, invece, è il regno del bianco, del candore che ovatta ogni suono, che riluce sotto il sole, che fagocita e immortala tutti i colori e le impronte di ciò che lo attraversa. C'è parecchio movimento, nella neve; ma, tutto sembra immobile e silenzioso perché ben mimetizzato. Discreto e delicato nella lunga penombra artica.

La taiga, con le sue conifere e betulle, crea maggior atmosfera e suggestione della tundra, dove la vegetazione si abbassa e contorce per sopportare le rigide condizioni ambientali e offrire solo muschi, licheni e arbusti nani. Più in profondità, infatti, le radici non possono attecchire, ostacolate dal ghiaccio perenne del permafrost. Inoltre, andando verso nord insieme alla vegetazione varia anche la morfologia dei luoghi, perché gli elementi, senza la difesa delle piante, hanno divorato anche le montagne, lasciandosi dietro altipiani erosi.

Nella taiga, in talune condizioni gli abeti, in particolare, si trasformano in statue, ognuna con la propria postura ed espressione. Accade per mano della *galaverna*, una condensazione dell'umidità dell'aria gelida che si trasforma in ghiaccio. Nei mesi più freddi (da novembre a marzo) e in condizioni di vento debole, il luccichio dell'aria tradisce le minute scaglie che si posano delicatamente e dolcemente come un cemento sottile, e una dopo l'altra, giorno dopo giorno, avvolgono l'intero albero, incapsulandolo con quintali di ghiaccio. Se il vento aumenta gli aghi si allungano diventando *calabrosa,* una sorta d'incrostazione spettinata. (Se ne trovano ottimi esempi nel lago Michigan). Quando il carico diventa eccessivo, le punte s'incurvano, assumendo le forme più strane e non di rado mostruose. Al chiaro di luna il paesaggio diventa spettrale, e ogni piccolo movimento, anche solo la neve che scivola giù dalle fronde, anima quelle forme che paiono anche sussurrare, per voce del verso lontano di qualche animale o di blandi refoli d'aria. In queste circostanze non stupisce il fiorire di figure e leggende mitologiche come i troll, per esempio, creature umanoidi dall'aspetto irsuto e rozzo, il comportamento malvagio o, al più, dispettoso o stolto. Qualcuno riconduce il loro culto ai primi nativi, perché i vichinghi che arrivarono li trovarono già lì, e insieme ai popoli scandinavi che li seguirono li considerarono grandi stregoni in grado di parlare con piante e animali.

Ho avuto modo più volte di confrontarmi in prima persona con gli antichi rituali sami. In un'occasione, ricordo bene come il firmamento non ci lasciasse più andare a dormire: la sua bellezza ci aveva rapito, incantato, al punto da farci dimenticare

Lanterne di vari colori punteggiano il sottobosco
innevato nella periferia di Rovaniemi (Finlandia),
di fronte alla «casa» di Babbo Natale.

In alto a sinistra: Una suggestiva aurora nel cielo di Luosto, un centinaio di chilometri a nord di Rovaniemi (Finlandia).

In alto a destra: Drappeggi verdi bordati di viola corrono lungo il cielo crepuscolare di Nellim, nella Lapponia finlandese, al confine con la Russia.

In basso a destra: Archi a drappeggio di color verde intenso danzano sul lago di Menesjärvi, nei dintorni di Inari (Finlandia).

In alto a sinistra: Una schiera di casette in legno colora i piedi delle montagne che contornano l'Adventsfjorden, alle isole Svalbard (Norvegia).

In basso a sinistra: Scorci sull'Adventsfjorden, isole Svalbard.

In alto a destra: Scorci sull'Isfjorden, isole Svalbard.

In queste pagine: La baia di Disko,
nei pressi di Ilulissat (Groenlandia),
considerata la capitale mondiale degli iceberg.

Una delle tante bocche che costellano il campo geotermico di Hverir, in Islanda.
La vivace e variopinta colorazione è data dalla deposizione
dei sali di diverse sostanze (soprattutto i composti dello zolfo).

il freddo. In un attimo di lucidità raggiunsi quel paio di amici coi quali ero rimasta sotto il cielo e prima di congelare siamo entrati in una *kota* (tende simili ai *tepee* dei pellerossa) a scaldarci. Con noi c'era Jari, un sami che si era unito a noi dopo averci incontrato nel pomeriggio e aveva insistito per mostrarci il suo allevamento di renne. Dentro la kota c'era molto fumo e le fiamme vivide del fuoco che si dimenavano nel centro del circolo diffondevano un bagliore rossastro che distorceva ogni cosa.

Jari ci aveva dato un cocktail a base di mirtillo caldo. Abbracciavamo il bicchiere di legno con entrambe le mani per scaldarci, stando col volto chino rintanato dentro al passamontagna. Poi si è levato d'improvviso un suono nella notte: era lui che emetteva una sorta di lamento melodico, che si faceva via via più intenso e strutturato, prendendo forma in qualche parola. Il ritmo incalzava, fino a che Jari non si è messo a tamburellare con le mani sulle proprie gambe per poi assumere movenze composte ma astratte, come se la percussione stesse proseguendo altrove, sopra qualcosa che nessuno di noi vedeva; a eccezione di lui, forse, anche se gli occhi erano chiusi. A quel punto spezzettò qualcosa che aveva in tasca buttandolo nel fuoco, che divampò rilasciando un odore acre, insieme al tono della sua voce sempre più possente che mano a mano scemò, tornando al sibilo iniziale. Infine anche lui si placò. Eravamo ammutoliti. Il freddo era sparito e una sorta di tepore ci aveva pervaso placando i tremori del corpo intirizzito. L'alba sarebbe arrivata gentile poco dopo.

Non credo alla magia o a riti propiziatori miracolosi, sia ben chiaro. Per quella che è la mia esperienza credo che quel ragazzo, inaspettatamente e con disinvoltura, abbia abbozzato una qualche pratica di sciamanesimo, e noi siamo rimasti talmente affascinati e coinvolti nell'atmosfera da dimenticare i disagi fisici. Lo sciamanesimo è ancora molto diffuso tra i popoli di svariati paesi, in Europa e non solo. È una pratica che si fonda sulla connessione di taluni individui con la natura circostante e sull'ascolto degli esseri che la popolano, usando gli animali come guide e gli antenati come sorgente di forza. Il collegamento viene raggiunto cadendo in trance grazie a canti rituali, al frenetico suono dei tamburi e, non di rado, all'utilizzo di sostanze psicotrope.

Secondo le credenze diffuse tra il popolo sami, sono presenti in tutte le cose e in tutti gli esseri viventi degli spiriti chiamati *haltija*. Risiedono nel cuore delle rocce, tra le acque dei laghi e sotto la corteccia degli alberi. Lo sciamano li chiama a sé in forma di animali sacri oppure di antenati, affinché lo aiutino a compiere il suo viaggio attraverso l'asse cosmico rappresentato come un grande albero, spesso un abete o una betulla. Grazie al loro aiuto gli è possibile far ritorno con successo, portando alla sua gente benessere e prosperità.

Il tamburo è l'anima del rituale e una vera e propria mappa del mondo, poiché rappresenta i vari rami spirituali, coi loro pericoli, che lo sciamano può attraversare. Jari appartiene al gruppo dei «sami delle montagne (o delle renne)», un popolo di pescatori e cacciatori trasformatosi in pastori dal XVI secolo. I «sami del mare», invece, li ho incontrati lungo la costa della Norvegia settentrionale e dell'Artico. I «sami delle foreste», cacciatori e pescatori lungo laghi e fiumi nei boschi tra Svezia e Finlandia, li abbiamo avvicinati a Nellim. Ma questa è un'altra storia.

6. La porta degli inferi

Nellim (Finlandia)
Penisola di Kola (Russia)

Il paese di Nellim si raggiunge ancora da Ivalo, ma andando una quarantina di chilometri verso nord, imboccando prima la statale 91, che poi diventa 969. Non appena usciti dalla periferia del centro abitato, ci si trova davanti, manco a dirlo, il nulla: neve, abeti e brevi squarci del lago Inari ghiacciato. Approssimandosi alla destinazione il manto stradale si fa sconnesso e privo di asfaltatura per diversi chilometri.

In compenso, l'autista del nostro pullman non sembrava curarsene e prendeva di petto i dossi come uno snowboarder, facendoci saltare talmente tanto che qualcuno ha più volte sfiorato con la testa il porta pacchi del veicolo. Il villaggio è microscopico: oltre al nostro lussuoso albergo, gli immancabili e dannati lampioni gialli, una pompa di benzina (che infonde sempre una certa sicurezza), un supermercato (con quattro ortaggi in croce che si pagano a peso d'oro), una scuola e una chiesa ortodossa di legno in stile russo, isolata in mezzo al bosco. Un pomeriggio fu la meta di una camminata, ma devo confessare che al ritorno incappammo in diverse difficoltà a rientrare perché la scarsa frequentazione del percorso aveva reso i sentieri tutti uguali. Le abetaie possono essere molto insidiose perché uniformano l'ambiente circostante trasformandosi in un labirinto dove è facilissimo perdersi. Se poi l'aria è a –30 °C come quel giorno e c'è poca luce, si scherza poco se non si trova la via del ritorno.

Per fortuna il momento di tensione non durò a lungo e, avvistato, da lontano, i cottage dell'albergo tornò a tutti il buonumore. Quando arrivammo all'albergo avevamo tutti il naso e il viso rosso e screpolato dal freddo ma eravamo tutti felici come pasque perché la piccola disavventura si sarebbe conclusa con un lauto pasto: non staccavamo gli occhi da generosi filetti di pesce di lago gratinati che ci sfilavano davanti. Un giorno ho avuto la fortuna di vedere un paio di pescatori all'opera nel catturarli: praticano i soliti buchi nel ghiaccio con la trivella a mano e poi li raccordano con una rete dentro la quale i malcapitati pesci rimangono incagliati. Al di là delle apparenze, infatti, sotto la crosta ghiacciata dei laghi la vita scorre ben protetta.

A cena ci si racconta delle piccole avventure che ognuno ha attraversato, come in una famiglia. Non tutti infatti durante uno di questi viaggi fanno le stesse cose. Cinzia e Roberta per esempio quel giorno si erano schiantate con la slitta: appena dopo la partenza, quando di norma gli husky s'impennano smaniosi di correre, non erano riuscite a gestire tale impeto e curvare insieme a loro. Risultato, erano andate a sbattere contro un albero, sbalzando giù dal piccolo convoglio e rotolando nella neve. Fortunatamente non si erano fatte male ma avevano semidistrutto la slitta facendo andare su tutte le furie la guida.

Qualcuno a questo punto ricordò ridacchiando di quanto accaduto il giorno precedente, durante una delle più colorate aurore che io abbia mai visto. Si era manifestata poco prima di cena, quando ciascuno era ancora impegnato in docce e vestizione serale al termine della giornata. Io ero appena arrivata nella hall dell'albergo e, nell'attesa del resto della truppa, ho cominciato a sbirciare i bollettini di attività. Il valore dell'indice KP era alto: 4 in un range che va da 1 a 5. Mi ero messa la giacca sulle spalle ed ero andata a dare un'occhiata fuori. Nonostante le luci del cortile, come avevo alzato gli occhi, avevo visto un cordone di luce verde vivido che tagliava in due il cielo. Mi ero precipitata dentro ad allertare tutti, dando anche l'adunata nella chat di gruppo creata allo scopo. Il dramma delle aurore è che non si sa mai quanto durino, e anche a saperlo, le luci cambiano di forma, intensità e colore da un momento all'altro, dunque non bisogna perder tempo perché istante sfuggito è un capolavoro perduto. Così ero corsa fuori con trenta gradi sottozero con l'abbigliamento della cena, in aggiunta di giaccone e cappello, perché i guanti li porto sempre ma senza poterli mettere, se voglio utilizzare le dita e far foto. Ero troppo leggera, ovviamente: le foto sarebbero state stupende, ma rischiai il congelamento. Non solo. Per aiutarmi nell'illuminazione delle impostazioni della fotocamera aveva commesso l'errore madornale di infilarmi in bocca la piccola lampada di alluminio che, con quelle temperature, mi si era incollata alle labbra. Ho dovuto strapparla con un colpo netto, sanguinando come una vite tagliata, ma per non turbare nessuno, mi ero allontanata con discrezione. C'è chi era uscito ancora più in fretta e furia di me: Gabriele, un albenganese, un vero concentrato di simpatia, nella concitazione si era dimenticato di indossare le mutande e un calzino. Non a caso per scaldarsi si muoveva come in una danza tribale, senza che nessuno ne intuisse il motivo!

Al di là della gioia che dà la caccia alle aurore, il piccolo paese Nellim racchiude un universo complesso. Tra le poche anime che vivono qui ci sono anche gli skolt, lapponi russi discendenti dei nativi sami delle foreste, cui accennavo prima.

Sono originari della confinante penisola di Kola, e si portano dietro una storia alquanto tormentata. La appresi qualche anno fa, mentre trovavo a Lovozero, il villaggio russo considerato la loro capitale: un supermercato, un ufficio postale, un ristorante in cemento poi trasformato in *chun* (tipica tenda dei popoli del Nord) e adibito a sede (simbolica) del Centro Nazionale Sami. Intorno, tundra a perdita d'occhio. Per arrivare a Mosca occorre percorrere 2000 chilometri verso sudest, mentre Murmansk, la capitale della penisola, è 167 chilometri più su. Eppure, in questo modesto abitato vive la quasi totalità dei nativi «sopravvissuti» (come dicono loro): poco meno di 1800.

Un giorno, mentre abbrustolivamo pane su una vecchia stufa a legna da intingere nella *boršč* (un minestrone di rape rosse, patate, verza, carne, salsa di pomodoro e spezie a volontà), Arina mi raccontò che quando erano piccoli, a scuola era proibito parlare la loro lingua (oggi ridotta a 4 dialetti sui 9 originari) che non era neanche scritta, anche se poi la sentivano a casa ed era trasmessa oralmente. Poi cominciò a essere insegnata, sebbene oggi in tutto il paese la parlino meno di 400 persone. I giovani, infatti, più che custodire le tradizioni tentano una comprensibile fuga da un ambiente ostico e povero di risorse. I pochi rimasti si sono buttati verso l'allevamento di renne. Questo mestiere non è però molto redditizio perché per diventare allevatori occorre studiare per quasi tre anni con paghe bassissime, con tempi di riscossa molto lunghi.

Per avere un sostegno alle loro problematiche i sami russi tentarono molti anni fa la via diplomatica, proponendo l'elezione di un parlamento come quelli dei vicini europei. Il regime sovietico prima e lo Stato russo poi, però, si opposero, riconoscendoli come comunità, ma relegandoli di fatto a un ruolo folcloristico particolarmente apprezzato solo durante le feste o le olimpiadi locali. Così sono stati costretti a ingegnarsi e hanno ripiegato verso l'etnoturismo, aprendo un villaggio tradizionale a una trentina di chilometri da Lovozero (il Sami Syjte) in grado di offrire prodotti di artigianato e, soprattutto, esperienze del loro stile di vita.

La penisola di Kola è la «coda» del felino scandinavo, un tavolato desolato di centomila chilometri quadrati che fa da spartiacque tra il Mare di Barents e il Mar Bianco. Qui, come scoprimmo nel nostro viaggio su quelle lande, la natura impera selvaggia. Quando la terra si libera dal mantello bianco sfoggia laghi, fiumi impetuosi e cascate che costellano una distesa di muschi, licheni e betulle nane. Più a sud, invece, appaiono pini e abeti. Nell'entroterra il clima non è dissimile da quello che si trova in Svezia o in Finlandia, insieme ai quali vede il sole scomparire dai primi di dicembre fin quasi alla metà di gennaio. Sulle coste settentrionali, invece, grazie alla corrente del Golfo, in pieno inverno, le temperature possono essere anche sopra lo zero.

Il clima, però, non c'entra con la difficoltà di vivere da queste parti. La cappa che la opprime ben si coglie da una foto panoramica di Murmansk, il suo capoluogo: una selva di centinaia di palazzi grigi, squadrati e senza balcone, fiorita sul fianco di un fiordo che si tuffa nel Mare di Barents. Verso il mare, gru, cantieri navali, container e gigantesche petroliere alla fonda affollano il più grande porto marittimo della Russia settentrionale, le cui acque non ghiacciano mai. Per le strade c'è compostezza e silenzio, rotti solo sporadicamente dagli schiamazzi di qualche rissa tra ubriachi. I passeggeri dei filobus sembrano muti. I bambini che giocano nei parchi sono quieti, e così anche gli operai che bevono e fumano in pausa pranzo appoggiati al capezzale di qualche statua di Lenin e i pescatori che aggiustano le reti. Si coglie apatia, rassegnazione. Una sorta di attesa di esplodere in un momento di euforia o di disperazione, con la vodka che aspetta a fine lavoro. Alcol e droghe, lassù, sono la miglior fuga dalla cortina di melanconia che serpeggia per le vie spesso desertiche del centro. Uno stato emotivo e sociale magistralmente colto dal regista Andrej Zvjagincev, che col suo *Leviathan*, ambientato nel villaggio di Teriberka, fu incoronato come miglior film straniero a Cannes e vincitore il Golden Globe nel 2014.

Eppure, si tratta di una città che sfida l'estremo, fregiata di primati ed eroi leggendari. Fondata nel 1916, nell'estate del 1942 venne rasa al suolo dai tedeschi che la bombardarono senza sosta col favore della luce continua. Per tale vessazione venne premiata due volte: nel 1982 con l'ordine della Guerra patriottica di primo grado e tre anni dopo col titolo di «Città-eroe». Il trascorso militare è diventato, così, il suo miglior biglietto da visita che si esprime attraverso i memoriali di guerra che si trovano ovunque, con l'onnipresente tributo a Lenin. Il monumento più famoso è la scultura del soldato Alyosha avvolto da un cappotto e con un fucile a tracolla sulla spalla: una statua di cemento bianca alta trentacinque metri che svetta sul promontorio di fronte al porto; una sorta di milite ignoto in omaggio a chi ha difeso la patria durante la Seconda guerra mondiale.

Non meno importante, però, è la nave rompighiaccio *Lenin*, una delle prime a propulsione nucleare ora trasformata in museo. La sua visita ricorda una delle più grandi tragedie della marina russa avvenuta nell'agosto del 2000, quando due esplosioni a bordo del sottomarino nucleare russo Kursk provocarono la morte dell'intero equipaggio composto di 118 persone. La notizia del suo inabissamento venne diffusa solo due giorni dopo, malgrado i segnali registrati in tempo reale da un istituto sismografico norvegese. Oltre una settimana dopo l'accaduto, i sommozzatori di una missione di salvataggio riuscirono ad aprire un portellone nella sezione di poppa, scoprendo che molte persone non erano morte subito e se i soccorsi fossero stati più rapidi li avrebbero salvati.

Non manca neanche il «monumento al kamikaze», una statua in bronzo dedicata all'eroe Anatoly Bredov nell'atto di lanciare una granata, quando, vistosi circondato dai nazisti, se la fece esplodere in mano trascinando nella morte numerosi nemici.

Oggi il cuore economico di questa terra rimane l'attività commerciale e industriale. In particolare, l'estrazione di una variegata quantità di minerali proveniente da rocce antichissime che, in passato, hanno ingolosito molti paesi tra cui la Germania di Hitler. Tali e tanti ne vengono ricavati che alcune cittadine hanno assunto il loro nome: per esempio, l'orribile villaggio di Nikel, composto da un gigantesco impianto minerario e da alloggi-dormitorio. Oppure Apatity (dal minerale apatite), uno dei più grandi (se non il maggiore) giacimento al mondo di un fosfato utilizzato in vari settori dell'industria chimica (come fertilizzante, bellica, cosmetica ecc.).

Il mio interesse per questa terra si perde nell'adolescenza, quando, già appassionata alla geologia, fantasticavo sul luogo in cui era stato praticato il foro più profondo mai scavato. Fu un progetto ambizioso, che si proponeva di esplorare la struttura della crosta profonda, al confine col mantello, in un luogo dove era particolarmente spessa; ovviamente con anche l'idea di cercare nuove risorse per lo sviluppo economico e industriale del paese.

Il sito prescelto è a breve distanza dalla cittadina di Zapoljarnyj, nella parte centro-occidentale della penisola. Le perforazioni iniziarono il 24 maggio del 1970 e nove anni dopo erano stati raggiunti 9583 metri, battendo il record detenuto dal pozzo Bertha Rogers hole, in Oklahoma, nel 1974. Nel 1983 venne superata la barriera dei 12 000 metri ma i lavori furono interrotti per quasi un anno per via dei numerosi problemi tecnici incontrati. Nel 1989, fu toccata la profondità di 12 262 metri, tramite un foro che, alla fine, risultò di 23 centimetri di diametro. Lo ricordo bene perché erano anche i miei diciotto anni, e avevo ricevuto in dono delle riviste che ne parlavano.

L'obiettivo dei russi era arrivare a 15 000 metri, ma le temperature inaspettatamente alte (180 °C) presentarono una roccia meno densa e più plastica del previsto, impedendo l'impresa. Nel 1992 fu gettata la spugna e il sito fu abbandonato nel 2008. A fine lavori, il bottino fu, comunque, sostanzioso: oltre alle temperature insolite ciò che trovarono furono fossili microscopici di organismi unicellulari a 7 chilometri di profondità, oltre alla presenza di acqua, a testimonianza di quanto la vita e i suoi ingredienti impregnino letteralmente il pianeta. Un'avventura tanto estrema nel cuore del misterioso «regno di sotto» non poteva che suscitare suggestione. E così, cominciò a circolare la leggenda che la trivella avesse raggiunto gli inferi, e tramite un microfono calato nel pozzo fossero state registrate le grida dei dannati.

Oggi il sito del pozzo «superprofondo» è una discarica. Un ricettacolo di rifiuti arrugginiti, di attrezzi o frammenti di essi insieme alle macerie di costruzioni varie. Tanto è lo sfacelo che è pure difficile trovare il lascito della sua «gloria»: il tappo arrugginito ricamato di 12 bulloni che sigilla per sempre quel profondo tunnel verso il centro del pianeta. Lo si scorge più o meno ricoperto da detriti di ogni genere. Anonimo, ben mimetizzato. Eppure, quando finalmente giunsi qui, il solo toccarlo mi emozionava come una ragazzina. Rivivevo, forse per suggestione, in quel solo gesto, la concitazione e il trambusto che gli hanno ruotato intorno per quasi quarant'anni. Mai e poi mai avrei pensato di trovarmelo davanti; come tante mete che sognavo da bambina e ho raggiunto «da grande».

Il sito del «superpozzo» è agghiacciante, nel suo decadimento. In alcune circostanze di luce e meteo, poi, diventa addirittura spettrale. Ma quando le luci aurorali gli compaiono sopra assume il fascino di quel forte contrasto tra bellezza e bruttura che mi ha attratto in questa terra. Le aurore danzano tra le rovine, tra le ciminiere fumanti, danzano a cornice di gru e navi mercantili, di palazzi grigi e squadrati, di residuati bellici. Danzano anche sulla sconsolazione e la profonda tristezza che trasuda da queste persone. E ancora, danzano sulla desolazione della tundra che inciampa in qualche collina o cascata, magari riflettendosi su qualche lago. Se il tempo si è dimenticato di scorrere su questa terra, Madre Natura non l'ha fatto. Quando la «Dama verde» si presenta, tutto si colora e appare più bello, più vivo, come il manto di neve che, nella stagione invernale, col suo candore rende puro e gentile ogni paesaggio, morbida e vellutata ogni cicatrice.

Quando con i miei compagni ci lasciammo alle spalle lo spigoloso territorio russo fu con la dolcezza di una *bliny*, la deliziosa crêpe tradizionale, ripiena di ricotta dolce, ricoperta di marmellata, accompagnata da una tazza di grano saraceno cotto nel latte zuccherato: il *kascia*. Ci congedammo così, con una sontuosa colazione, dalla galoppata sulla schiena del gigantesco felino lappone, coi suoi giochi di luce che si rincorrono tra i chiaroscuri di un universo rimasto fiabesco.

PARTE SECONDA

L'arcipelago alla fine del mondo

Isole Svalbard

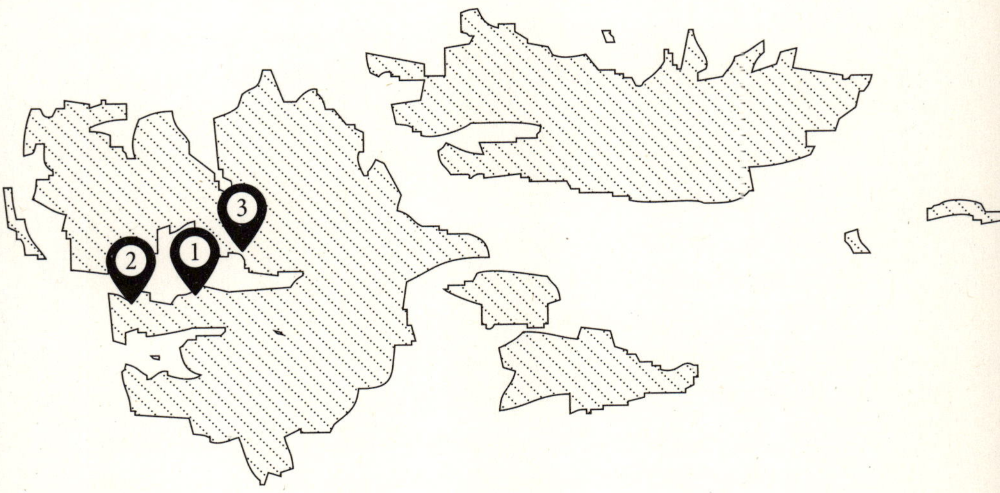

① *Longyearbyen*

② *Barentsburg*

③ *Pyramiden*

7. A un passo dal Polo

L'ala del Boeing 737-800 oscillava impazzita flettendosi tra cielo e mare. Vibravamo fragorosamente. Il residuo del succo di mirtillo rimasto nel bicchiere di plastica s'increspava, e poi cominciava a sciabordare da una parte all'altra trascinandoselo appresso. Lo seguivo con la coda dell'occhio ma non volevo staccarmi dall'oblò: da un pezzo, ormai, attendevo di avvistare un qualche lembo di terra dopo aver lasciato l'estrema propaggine nord del continente europeo, sospesi tra il Mare di Barents e il Mar di Norvegia.

Quassù è tutto estremo: il clima, il mare e anche il tremolio dell'aria, che si era trasformato nella fastidiosa turbolenza che ci stava facendo ballare. Misi fine all'agonia tremolante del mio drink trangugiandolo d'un sorso, e mi incollai nuovamente al pertugio sul tetto della troposfera. Ci trovavamo a circa 10 000 metri di quota, sopra ogni perturbazione che affligge abitualmente la superficie terrestre; niente nubi stile panna montata o nero fuliggine, solo qualche sporadica velatura delle quote più alte, i cosiddetti «cirri», che, diversamente dai cugini cumuli delle regioni più basse, sono fatti di finissimi cristalli di ghiaccio. Fluttuano laddove la radiazione ultravioletta in arrivo dal

Scorci dell'Adventsfjorden.

sole colpisce duro e spacca l'ossigeno trasformandolo in ozono. A queste altezze si è immersi in una giungla di particelle energetiche che sono tutt'altro che salutari, e obbligano gli equipaggi dei voli a periodi di sosta a terra.

Nella poltrona vicino alla mia tenevo un apparecchio costruito da Marco, un amico studioso che me lo ha affidato per censirle – incredibilmente era riuscito a passare il controllo del check-in senza esser scambiato per un ordigno –: ogni volta che ne rilevava una, s'illuminava, ed era uno sfarfallio continuo. Era come se fossimo bombardati senza sosta da proiettili invisibili.

Un sobbalzo più forte mi ridestò dai miei pensieri e finalmente, al margine dell'angusta visuale, intravidi qualcosa; non si trattava del bianco evanescente delle nubi ma un colore più netto e definito. La prospettiva migliorava via via e finalmente il panorama assunse la geometria di montagne aguzze che,

lentamente, cominciavano a sfilarci sotto con le loro lingue glaciali che si gettavano in lagune verdazzurre costellate di iceberg. Ora comprendevo perché lo scopritore di queste terre, l'esploratore olandese William Barents, quando vi approdò dalla costa occidentale nel 1596 le chiamò Spitsbergen (montagne appuntite). Il nome attuale, Svalbard, invece, è norvegese e significa «coste fredde», poiché a est sono bagnate da un fiume di ghiaccio che scende dal Mar Glaciale Artico; inoltre, il 60% del territorio è ricoperto da circa 7000 chilometri cubi di ghiacci, di cui una buona parte raccolti nella terza calotta più grande in Europa (dopo Groenlandia e Islanda): quella dell'Austfonna. Nelle coste occidentali, però, il clima si addolcisce grazie alla presenza della corrente del Golfo che tiene le acque aperte e navigabili per buona parte dell'anno.

Era davvero un deserto bianco quello che scorreva sotto di noi. Inizia a 74° di latitudine nord e si spinge fino ad 81°, a soli

Scorcio lungo l'Adventsfjorden, isola di Spitsbergen.

mille chilometri dal Polo geografico. Non stupisce che fu considerato «terra di nessuno» per secoli, diventando una miniera per orde di cacciatori, prima – soprattutto balenieri –, e poi di scienziati e minatori. Solo dopo la Prima guerra mondiale la sovranità del territorio fu assegnata alla Norvegia, suggellata dal trattato delle Svalbard firmato nel 1920.

Immersa nei pensieri, persi la cognizione del tempo. A riportarmi al presente ci pensò la hostess, invitandomi a metter dritto lo schienale del sedile e a chiudere il tavolino. In effetti gli sbalzi di pressione nelle orecchie mi avevano già avvertito che avevamo cominciato a scendere di quota.

Ci abbassammo cavalcando a singhiozzi le raffiche d'aria che accoglievano il nostro incanalarci nell'Isfjorden. Rollavamo. Erano le undici di sera ma il sole era alto perché era maggio, e a queste latitudini dal 20 aprile al 22 agosto non tramonta mai, raggiungendo la sua altezza massima il 21 giugno, al solstizio d'estate. Non staccai gli occhi da fuori e mi godetti una scena per me inedita: l'ombra rimpicciolita dell'aereo di profilo che, riflessa sulla parete stratificata del fiordo e ondeggiando sulle asperità della roccia, ci seguì fino all'atterraggio. Nella fila accanto alla mia una signora corpulenta di mezza età lo visse senz'altro come una liberazione, dato che non aveva mai smesso di stritolare i braccioli con le unghie; accanto a lei un ragazzone biondo cenere con due enormi cuffie alle orecchie che gli scomponevano la capigliatura rada, masticava nervosamente un chewing-gum tenendo gli occhi chiusi.

Atterrammo come se fossimo sulle montagne russe: la pista era un susseguirsi di grosse cunette di ghiaccio. Solo più avanti scoprimmo che a causa del permafrost non è possibile mantenere un nastro di asfalto permanente, quindi il substrato viene risistemato di continuo. Il permafrost è il congelamento, per una profondità variabile, della superficie dei terreni artici: può arrivare a diverse decine di metri. Al di sopra si trova uno strato superficiale che è sensibile ai cambiamenti climatici stagionali, arrivando a scongelarsi parzialmente durante il periodo estivo, per poi ricongelare d'inverno. Così facendo non può ospitare alcun manufatto al suo interno, pena il suo ibernamento e il successivo disfacimento, causato dal continuo cambiamento di consistenza del suolo. Per tale ragione gli edifici sono costruiti rialzati mediante palafitte, così come le tubature dell'acqua, del gas, della luce, degli impianti fognari e quant'altro passi all'esterno.

Ci sono altre conseguenze curiose alle quali non penseremmo mai. Per esempio, in questo arcipelago non si può essere sepolti dopo la morte, proprio perché questo fenomeno impedisce la corretta decomposizione del corpo. Volendo si può solo farsi cremare ed essere conservati in un'urna. In verità non è possibile neanche nascere, perché il minuscolo ospedale della capitale non possiede un reparto di ostetricia e le donne dell'isola, a circa tre settimane dal parto, sono costrette a trasferirsi a Tromsø. L'ultimo nascituro *in loco* risale al 1966.

Per gli studiosi il permafrost è un termometro «verticale» dei cambiamenti climatici, e quando il ghiaccio si scioglie in modo consistente per variazioni di temperatura insolite il suolo può destabilizzarsi e creparsi, oppure causare smottamenti, colate detritiche o crolli. In concomitanza, aumentano in modo sostanziale le emissioni di anidride carbonica e metano (i due maggiori responsabili dell'effetto serra).

Negli ultimi anni questo processo sta interessando intensamente le isole Svalbard, portando alla formazione di tundre artiche con una moltitudine di laghi, stagni e rigagnoli spesso effimeri, unitamente a tutti i disagi subiti dall'edilizia.

8. Il granaio del pianeta

Longyearbyen

Scendemmo dall'aereo un po' sballottati dal volo, ma sbarcare nella zona abitata più a nord del pianeta ci fece dimenticare immediatamente ogni disagio. Oramai eravamo abituati a raggiungere a piedi l'interno dell'aeroporto dove, al nastro bagagli, ci attendeva un bell'orso bianco imbalsamato, piazzato proprio nel centro. Lo ritrovammo anche appena usciti dal terminal, come effige all'interno di un cartello di pericolo attaccato a un'asta infissa nel terreno e sorretta da tiranti, recante le insegne di segnalazione e distanza di svariate località. È evidente come questo animale sia non solo un simbolo per l'arcipelago ma anche una fonte di pericolo, visto che nei dintorni ne scorrazzano almeno un migliaio.

Di fronte a noi, il mare azzurrissimo incorniciato da montagne innevate che digradano nelle acque coi loro ghiacciai.

Emil, il padrone della casa che avevamo affittato ci venne a recuperare (con molta calma) e ci portò verso il centro abitato di Longyearbyen (78°13'24" N), distante 5 chilometri. Eravamo prossimi all'estate e le tinte marroni e ocra del terreno cominciavano ad affiorare dal manto nevoso ridotto in chiazze.

Alla periferia di Longyearbyen si trova un cartello che avverte della presenza (e il rischio) degli orsi polari. Oltre questo limite chi va senza guida (con apposite armi di difesa) lo fa a proprio rischio e pericolo.

Niente alberi, ovviamente, ma solo muschi, licheni e sprazzi di vegetazione di tundra. Emil era di poche parole e ruppe il ghiaccio solo quando vide Merlino, il favoloso gatto siberiano di una mia cara amica, sullo schermo del mio telefonino. Allora accennò a un sorriso e mi raccontò che i felini hanno il divieto di calcare queste terre a seguito di una legge promulgata nel 1990 per paura che potessero contrarre diverse malattie dalle volpi e dai ratti presenti sulle isole, contagiando poi le persone e mettendo in crisi l'ecosistema della fauna locale. Approfittai della momentanea loquacità per strappargli qualche informazione su di sé e mi raccontò, in modo sempre molto asciutto, che viveva a Oslo, dove faceva l'operaio in un'impresa navale e si recava qui quando poteva, solo durante il periodo estivo, per gestire un paio di appartamenti che possedeva. Negli anni precedenti, però, la frequenza delle sue visite era aumentata grazie all'esplosione del turismo *sostenibile* (teneva a sottolineare questa specifica), cioè attento a ridurne l'impatto negativo. L'attenzione degli autoctoni è molto alta a riguardo e ne è una riprova il fatto che la quasi totalità della superficie dell'arcipelago sia protetta con tre riserve naturali, sei parchi nazionali e quindici santuari per uccelli.

Dopo aver costeggiato il fianco dell'Adventfjorden appare la cittadina, sulla foce del fiume Adventdalselva. Il colpo d'occhio è tutt'altro che invitante: in realtà è più un insediamento creato da un raggruppamento di fabbricati di varie forme, colorati con diverse tonalità di grigio e dall'aspetto stile container. Ci sono poi diversi gruppi di palazzine e abitazioni, sia di legno che in mattoni in stile classico, che spiccano con tonalità più accese; la nostra era giallo ocra. La maggior parte poggia su palafitte che s'immergono nel terreno fangoso. Fuori dagli ingressi, biciclette appoggiate qua e là e motoslitte parcheggiate alla rinfusa. Lo scorcio più suggestivo lo si coglie vicino a una serie di casette in legno colorate, a ridosso del fianco del fiordo, che ogni buon

L'autrice esamina alcune rocce lungo l'Adventsfjorden, nei cui pressi è nata la città di Longyearbyen.

Il cimitero di Longyearbyen: le croci sono solo simboliche perché i corpi dei defunti non ci sono. Non possono essere seppelliti a causa del disgelo periodico del terreno che lo priva di consistenza.

fotografo sa trasformare nella cartolina più gettonata del luogo. Le strade sono poche e brevi, 46 chilometri in totale, e il manto è comprensibilmente dissestato dal lavorio degli elementi, rattoppato qua e là. Del resto, per la maggior parte dell'anno è tutto coperto di neve e i mezzi di trasporto per eccellenza sono le motoslitte, presenti con una media di due per abitante.

Poco prima di arrivare a destinazione passammo accanto a un alto traliccio e sfruttai l'ultima occasione per chiedere a Emil qualche notizia. Non sembrava seccato. Accostò sul lato della strada col motore acceso, si alzò la visiera di un cappellino consunto (che in origine doveva essere rosso mattone) e allisciandosi il pizzo di una barbetta castana e ispida con fare perplesso ci spiegò che non ne conosceva l'altezza esatta. Io ribattei, ridacchiando, che mi interessava di più lo scopo di quella pertica in mezzo all'abitato. Lui ci sorprese raccontandoci – stavolta in modo più prolisso – la storia del luogo. All'inizio del secolo scorso un manipolo di norvegesi approdò in queste terre per avviare un'attività di sfruttamento del carbone, del quale si conosceva la presenza in abbondanza. Non ebbero però abbastanza risorse economiche e dovettero chiudere. Nel frattempo arrivarono via nave gli inglesi (sempre loro, aggiunse con una nota di fastidio). A bordo c'era anche un imprenditore statunitense, tal John Munro Longyear, in vacanza con la famiglia, che fiutò l'opportunità di investirvi aprendo una compagnia mineraria. E così, il centro abitato che fiorì sui giacimenti prese, come conseguenza, il suo nome e crebbe sempre più, tanto che fu aperta una seconda miniera.

A questo punto il suo tono si fece più confidenziale. Frugò nel taschino di una camicia a quadri similflanella che sbucava dal giaccone aperto, tirò fuori una sigaretta da un pacchetto molle semivuoto e, accendendosela, proseguì. Arrivò nel paese anche un prete e fece costruire una chiesa – luterana, specificò sorridendo, indicandocela con un cenno del capo – sulla collina. Nel 1958, per l'esattezza. Ci spiegò che la cosa che preferiva della sua presenza è il tè e biscotti che viene offerto dopo la funzione un paio di sere la settimana. Poco sotto c'è il cimitero, ma dentro non c'è nessuno, aggiunse, cercando di creare una certa suspense (gliela smontai prontamente, dicendogli che la conoscevamo bene la storia del permafrost). Gli chiesi, invece, dell'ospedale e, mostrandomi una lunga cicatrice sul dorso della mano destra, rispose che quello c'era già da inizio secolo, anche se modesto, perché in questi luoghi ferirsi è la regola. Attualmente il reparto ospita solo otto letti e una clinica dentaria, e sono attrezzati solo per le emergenze e il pronto soccorso. Infiammando la brace della sigaretta con una potente aspirata, ci disse con stizza che i minatori, come gli operai in genere, hanno sempre fatto una vitaccia, che fosse in cerca di sopravvivenza o fortuna. Restammo qualche secondo in silenzio sulla scia di un suo sguardo malinconico. Poi spense la brace sotto la suola fangosa della sua scarpa, gettò il mozzicone sul tappetino dell'auto, si diede una sistemata al berretto e rimise in moto. Ci fermammo poche decine di metri dopo, dove ci attendeva il nostro alloggio. Ci sistemammo. Eravamo molto stanchi, così tappammo ogni fessura della finestra da cui entrava una luce intensa e scivolammo in un sonno profondo.

Un ponticello in ferro ci traghettò, l'indomani, sulla strada verso la *downtown* della cittadina, le cui vie sono curiosamente identificate con numeri. Parrebbe il biglietto da visita di un luogo essenziale ma, al contrario, qui c'è davvero tutto, sebbene ci si trovi al 78° parallelo: l'apertura dell'aeroporto, avvenuta nel 1975, ha rotto l'isolamento del luogo favorendone lo sviluppo, con la nascita di imprese private soprattutto nel settore del turismo e della ricerca scientifica. La via principale del «centro» è breve e bordata da un supermercato, un piccolo centro commerciale (che ospita alcuni negozi sportivi, un paio di negozi di souvenir, una pasticceria e un fast food), una banca, un paio di pub, qualche negozio di articoli vari e l'ufficio postale. Ci entrammo in due occasioni: la prima, per farci rilasciare il certificato di attestazione di aver toccato tale veneranda latitudine e saccheggiare una ricca collezione di francobolli caratteristici. La seconda, per chiedere informazioni sulla possibilità di portarmi a casa un palco di renna che avevo trovato in mezzo a una pozzanghera nel corso di una delle nostre escursioni. All'inizio si accese una piccola disputa sulla necessità o meno di un'autorizzazione per farla uscire dall'isola, ma quando si furono messi d'accordo e ci ebbero dato il loro benestare, andammo a caccia di tutto ciò che serviva per imballarla e spedirla come bagaglio speciale.

Andare a recuperarla all'arrivo a Malpensa è stato diverten-

te: le corna svettavano dal tapis roulant e, una volta recuperate, me le sono messe in collo a mo' di tracolla suscitando molta curiosità. Oggi è uno degli oggetti più preziosi che arredano la mia casa. Quando guardo quel palco penso alla sua incredibile storia sul capo della renna imponente che l'ha portato per chissà quanto tempo attraverso le lande ghiacciate, nell'oscurità della lunga notte artica o sotto l'eterna luce del sole estivo, sfuggendo ai predatori, magari combattendo per il territorio, cercando cibo e riparo. Fino al suo ultimo giorno di vita in cui l'ha riconsegnato alla natura e, quindi, in qualche modo e dopo chissà quanto tempo, a me. Un'odissea, insomma. Il valore di ogni oggetto è dato dalla sua storia, poiché pregna del tempo e delle vicissitudini che l'hanno forgiato. Lo stesso vale per le persone, fatte del loro vissuto. E in questo luogo ce ne sono di strabilianti: studenti, scienziati, artisti, pensatori, esploratori, sportivi amanti dell'estremo e tanto altro, provenienti da cinquanta diverse nazioni. Tutte anime in cerca di qualcosa o magari in fuga da chissà cosa.

Nel corso delle mie visite alle Svalbard ne ho incontrate un paio di notevoli. Erica è una di queste: ci siamo conosciute a seguito della prenotazione di un tour di esplorazione dei dintorni della cittadina, durante una delle mie visite alle isole, ed è stato amore a prima vista. Lei è quanto di più lontano si possa immaginare da quel fare provinciale di noi italiani con la nostra terra e famiglia, alle quali siamo spesso morbosamente legati. Erica è una vera cittadina del mondo, stracolma di curiosità, allegria e disponibilità. Ho perso il conto delle lingue che parla e dei luoghi in cui ha vissuto, studiato e lavorato, e pensare che quando l'ho incontrata aveva solo ventotto anni. Mi raccontò che era arrivata alle Svalbard un paio di anni prima per fare una breve esperienza lavorativa e da allora ne era rimasta stregata e non se ne è più andata. Le chiesi se avesse mai sentito la nostalgia di casa, soprattutto negli interminabili periodi di oscurità, e lei mi rispose che lassù aveva trovato tanto calore e compagnia perché il luogo è piccolo e le persone si stanno vicine. Nei due anni vissuti là, intervallati solo da qualche breve periodo a Fidenza, la sua città natale, aveva visto le isole in tutte le stagioni e ci raccontò nel dettaglio le emozioni provate di fronte alla sua prima aurora durante la notte artica, all'ultimo tramonto che la precedette e all'agognata alba quando il sole rispuntò dopo mesi di buio completo. Con la sua simpatica erre moscia e l'espressione trasognata si dilungò nella descrizione della tavolozza di colori che l'avevano sedotta e impressionata: il rosa, ci disse, è quello che l'aveva colpita di più insieme al giallo e a un arancione vivido come non ne aveva mai visto. Quando ricordò il crepuscolo «mattutino», invece, ci descrisse la famosa luce soffusa blu metallico che riverbera sul candore del ghiaccio e rende tutto surreale.

Nella nostra prima escursione Erica ci accompagnò in visita del famoso Global Seed Vault, una gigantesca «Arca di Noè», inaugurata nel 2008, che raccoglie i semi di tutto il mondo, a salvaguardia del patrimonio arboreo e agricolo del nostro pianeta in caso di una qualche catastrofe naturale o antropica. Il bunker è addirittura a prova di bomba atomica, e si trova incastonato 130 metri sottoterra nel ventre di una collina prospiciente al fiordo. La sua temperatura non scende mai sotto i 5 gradi sottozero che l'impianto elettrico, però, abbassa ulteriormente a –18. In caso di malfunzionamento (come è già accaduto negli ultimi anni), quindi, si ha tutto il tempo di correre ai ripari senza danneggiare il prezioso contenuto. Al momento contiene più di un milione di campioni conservati in speciali pacchetti di quattro strati e sigillati termicamente a protezione dall'umidità, custoditi in tre sale di 27 metri di lunghezza,

10 di larghezza e 6 di altezza. Purtroppo, non è possibile visitarne l'interno ma solo rimanere incantati davanti al tunnel d'ingresso in cemento armato, sigillato da una porta di ferro sormontata da una grande grata per il sistema di areazione. Se si sta qualche minuto seduti lì accanto, si odono le ventole che si mettono in funzione con una certa regolarità.

Erica ci condusse alla sua scoperta dall'alto, dopo averci fatto fare un trekking fin sulla cima della collina che lo ospita. La parte finale è ripida, e arrancammo con fatica calzando dei ramponcini per non scivolare; dalla sommità, però, la vista sul fiordo ripaga ampiamente la fatica. Con quel panorama davanti erano invitanti anche i panini semicongelati che avevamo negli zaini. Fortuna che Chris, un ragazzo gallese collega di Erica, ci ritemprò con un thermos di mirtillo caldo e biscotti al cioccolato. I giovani che abitano l'isola sono l'anima pulsante del popolo svalbardiano: in barba all'ambiente remoto e inospitale, sono una comunità molto unita che crea continue occasioni di aggregazione.

Certo, magari talvolta sono fin troppo scalmanati, come abbiamo imparato a nostre spese dalla gita in motoslitta con René, un'altra guida che ci portò poco sopra alla città, nei pressi di Nybyen, sul ghiacciaio Longyearbreen: in sella al suo mezzo è partito come un razzo sul fianco inclinato della montagna sparendo all'orizzonte. A 80 chilometri orari non riuscivamo a stargli dietro! Lo ritrovammo sulla cima dove ci eravamo fermati per scattare qualche foto, ma come ci vide arrivare schizzò di nuovo giù a tutta birra. La guida della motoslitta, lo rammento, è una questione prevalentemente di braccia: finche il percorso è pianeggiante non ci sono problemi, ma quando diventa dissestato o inclinato occorre prudenza e mestiere, perché se la macchina comincia a pendere da un lato, pesante

Due oche a passeggio per la periferia di Longyearbyen.

com'è, raddrizzarla è un'impresa quasi impossibile, e ritrovarsela addosso può rivelarsi letale.

Con fatica, infine, raggiungemmo René, fermo ad attenderci per condurci alla ricerca di fossili. Grazie alle lingue glaciali che hanno eroso molti strati di materiale sedimentario, ne sono emersi in superficie tantissimi, formatisi quando le Svalbard godevano di un clima tropicale. Si tratta di foglie e ramoscelli che risalgono a un periodo compreso tra 40 e 60 milioni di anni fa, lascito di un tempo ancora più antico in cui l'arcipelago era ricoperto da felci giganti e altre piante erbacee che si sono trasformate in ricchi giacimenti di carbone. Cercarli è divertente, oltre che rilassante. Frugammo per una buona ora tra cumuli di roccia umida disfatta pulendo alla bell'e meglio ogni frammento quando ci imbattevamo in qualcosa d'interessante. Alla fine, riuscimmo a portarci a casa qualche buon esemplare.

Date le premesse, l'epilogo della gita, non poteva che essere disastroso. Ripartimmo come razzi verso valle, dove la copertura nevosa è discontinua e si alterna a isole di roccia ed estese pozzanghere fangose e, ovviamente, qualcuno ci finì dentro. E così ecco che ci ritrovammo tutti immersi fino alla vita dentro alla gelida acqua glaciale a cercare di tirar fuori quel piombo di motoslitta prima che diventasse irrecuperabile. Rientrammo a casa zuppi e congelati: avevo i piedi così freddi che pensavo di averli persi per sempre, nonostante li avessi incappucciati coi guanti e incastrati dentro le bocchette dell'aria calda dell'auto nel ritorno verso casa. Erica quel giorno non c'era, aveva un'altra prenotazione da seguire.

Più tranquilla fu invece un'altra uscita in quad. Queste macchinine sono una sorta di scooter a quattro ruote (con copertoni da ruspa) che seguono lo stesso principio delle motoslitte: ben piantate a terra e guida di braccia; anche qui, se il terreno è tortuoso o dissestato, sono tutt'altro che comode e molto stancanti. Con quelle arrivammo fino all'antenna radar Eiscat (acronimo di European Incoherent Scatter Scientific Association), uno strumento che studia i processi fisici che nascono dall'interazione tra il vento solare e il campo magnetico terrestre. È composto da tre sistemi di radar ionosferici funzionanti a 224 e 931 megahertz nel nord della Scandinavia, mentre alle Svalbard funziona a 500 megahertz. I globi bianchi sull'altipiano che avevamo visto atterrando, invece, fanno parte della più grande stazione satellitare commerciale del mondo, che riceve i segnali di satelliti in orbita polare.

L'Eiscat, con le sue grandi parabole, è un luogo molto affascinante, ancor più se baciato dalle luci aurorali. Un anno, con un altro gruppo, ci andammo durante una notte artica e riuscimmo a godere di questo dono, sentendoci proiettati in uno scenario stile *Star Trek*: il buio era totale, il cielo ricamato fittamente di stelle, per nulla infastidito dal bagliore di

Longyearbyen che riluceva, basso, sull'orizzonte est. Il silenzio di tomba era rotto solo dal sibilo delle antenne ed ecco comparire un'aurora intensa molto rara, poiché particolarmente accesa nel color porpora. Aggiungo solo un dettaglio: era l'una di pomeriggio! Avevo da poco sentito i miei genitori in Italia che stavano pranzando accarezzati da una tiepida giornata autunnale, mentre noi eravamo immersi nella totale oscurità con trenta gradi sottozero e il cielo colorato che ci danzava sopra!

Osservare le aurore alle Svalbard non è come negli altri luoghi: qui da metà novembre alla fine di gennaio è buio pesto perché il sole scompare in modo assoluto portandosi fino a una dozzina di gradi sotto l'orizzonte. La vita, quindi, si svolge interamente al chiuso dove domina la socialità e gli eventi culturali. Come ci disse Erica, qui gli esseri umani si stringono, talvolta troppo, aggiungo, tanto che il periodo viene anche chiamato *love season* (comprensibilmente). Poi, a febbraio, la luce ritorna e si fanno i resoconti su ciò che è accaduto col favore delle tenebre...

Una mattina Erica si presentò con un fucile a tracolla. Il suo corpo esile e delicato, ingentilito da capelli biondi lunghissimi che tiene raccolti in modo composto con una coda che sposta qua e là, non le impediva di portare l'arma con autorevolezza e mestiere. Sebbene possa far rabbrividire chiunque detesti le armi, questa precauzione è fondamentale e obbligatoria quando si esce dal centro abitato, nell'eventualità di trovarsi davanti un orso polare. Incontrarli non è frequente, e il cartello di pericolo che li raffigura (uno dei più gettonati per i selfie) è il limite oltre il quale la probabilità aumenta ed è necessaria un'arma al seguito. Si trova in un'area fuori dal paese, e ci si arriva a piedi con una camminata di circa un quarto d'ora partendo dalla sede dell'università. Ciò non toglie, a ogni modo, che i plantigradi possano spingersi fin dentro il centro cittadino, tanto che

La cittadina di Barentsburg, a qualche ora di navigazione da Longyearbyen, sull'Isfjorden.

alcuni edifici pubblici possiedono un'anticamera che rimane sempre aperta come eventuale rifugio. In realtà pare che molti lascino aperte anche le porte di casa, come ho sperimentato io stessa quando sono finita un paio di volte per sbaglio nell'appartamento dei miei vicini.

Gli orsi, di solito, non attaccano l'uomo, a meno che non siano affamati come sta accadendo in questi ultimi anni a causa del ritiro dei ghiacci marini. Privati del loro terreno di caccia alle foche, si spingono in luoghi abitati in cerca di cibo: dal 1971 si sono contati cinque attacchi mortali sulle isole, l'ultimo risale al 2011 in un campeggio, con una vittima e quattro feriti. Nonostante possa essere pericoloso, questo animale è comunque salvaguardato. Quando possibile, quindi, si cerca di salvarlo allontanandolo, e se deve essere abbattuto, di solito a

causa del comportamento irresponsabile delle persone, fioccano pesanti sanzioni.

In questa veste di scorta armata, Erica ci condusse all'esplorazione dell'Adventfjorden, che costeggia imponenti altipiani dalla sommità spianata, spennellati con un'alternanza di bianco e ocra scuro. È una sorta di rientranza dell'Isfjorden, lungo un centinaio di chilometri; in Norvegia, secondo solo al Sognefjorden (vicino a Bergen, lungo 204 chilometri). Lungo il tragitto incontrammo diversi animali: i più curiosi, degli esemplari di anatre artiche che hanno sul collo un insolito tatuaggio verdognolo a forma di labbra; è un segno distintivo di questa specie, endemica della zona. Ci imbattemmo anche, per un paio d'ore, in una volpe artica un po' spelacchiata, in fase di muta; la seguimmo a piedi quatti quatti per poterla riprendere meglio, mentre trotterellava sulla skyline di scorci mozzafiato facendo alzare in volo, di tanto in tanto, gruppi di pernici bianche. Per visitare i paesi nordici maggio è una stagione perfetta. Si coglie ancora la magia dell'Artico innevato ma con una buona luce e la possibilità di raggiungere località interdette all'inverno, e poco affascinanti in piena estate.

9. La Norvegia come un romanzo russo

Barentsburg

Lungo l'Isfjorden ci sono altri due insediamenti che in primavera-estate si raggiungono via mare, mentre d'inverno con un massacrante percorso in motoslitta.

Il primo verso il quale ci avventurammo in quell'occasione è Barentsburg (78°03'51" N), una piccola comunità «russa» in territorio norvegese. Lo incontrammo percorrendo circa 55 chilometri verso sudovest a bordo di un'imbarcazione stile catamarano, imboccando il fiordo di Grønfjorden poco prima di raggiungere il Mar di Groenlandia. È un vecchio sito minerario russo fondato nel 1916 e ancora operativo, dove vengono estratte 350 000 tonnellate l'anno di carbone. Come Longyearbyen e tante altre cittadine del Nord Europa, nel corso della Seconda guerra mondiale fu parzialmente distrutto dalla marina britannica per impedire che cadesse in mani tedesche. Gli stessi tedeschi, poi, completarono l'opera di devastazione.

A ostilità concluse, divenne un avamposto militare e la potente compagnia mineraria sovietica Arktikugol lo ricostruì e ne promosse la crescita, sviluppando anche il ramo della ricerca scientifica. Divenne così un polo elitario che accoglieva solo le menti più floride, prosperando anche come comunità e renden-

In alcuni luoghi dell'Artico, come alle isole Svalbard, i cani da slitta vengono utilizzati anche in estate, per trainare piccoli veicoli a ruote. Questi animali hanno un assoluto bisogno di muoversi e stancarsi.

dosi in parte autosufficiente. Poi l'Unione Sovietica crollò, ritirando in sede buona parte delle sue risorse e del suo personale, che finì ridotto a poche centinaia di unità, in larga percentuale minatori ucraini e russi. Ad aumentarne la decadenza contribuirono i numerosi incidenti accaduti nelle miniere anche in anni recenti, che resero più volte precaria la sua presenza spesso mal tollerata dalle autorità norvegesi. Oggi il turismo ne ha «ammorbidito» il ruolo e, in parte, ingentilito il volto austero.

Toccammo le sue sponde dopo aver navigato per tre ore tra le pareti immacolate del fiordo, e certo il biglietto da visita di una ciminiera che sputa fumo nero ci è risultato un pugno nello stomaco. Ciminiera, peraltro, incastonata in una schiera di costruzioni squadrate disposte a gradoni sulla fiancata scura della montagna: il colpo d'occhio mi riportava a Murmansk e al gelido minimalismo russo che pare essersi fermato a un tempo remoto. C'è da dire, però, che qui hanno cercato di dare un tocco di vivacità colorando gli edifici con toni molto vividi e variopinti.

Una ripida scalinata in legno arrancava dal molo occupato da capannoni, container e gru, e serpeggiava fino al cuore della cittadina. Tirammo subito dritto attratti da due grosse palazzine stile dormitorio (senza alcun balcone) a forma di parallelepipedo, adagiate sul fianco maggiore. Sembravano costruzioni fatte coi mattoncini Lego, dipinte a scacchiera: quella color arancio ospita il consolato, e reca davanti ancora le scritte risalenti ai tempi dell'Urss; davanti, si erge la statua di Lenin, la seconda più a nord del mondo.

Gironzolando qua e là si vedono altri lasciti del tempo che fu, quando viveva lì una grande comunità e voleva farlo in modo confortevole: ci sono vecchi campi da calcio, da basket, una piscina, e così via; poi c'è la scuola, oggi con tre soli insegnanti e un piccolo ospedale per gli interventi di soccorso; infine, prendendo l'arteria destra del piccolo abitato si arriva all'ufficio postale (che ospita un negozietto di souvenir), non prima di aver incontrato il Museo Pomor che illustra (soltanto in russo) la storia degli antichi commerci con la ex madrepatria, l'attività mineraria sovietica e, più in generale, la storia dell'arcipelago. Particolarmente interessanti sono la sezione dedicata alla geologia e la collezione di manufatti che documenta la presenza russa nelle Svalbard prima della scoperta europea, attribuita ufficialmente a Willem Barents. Lungo il percorso s'incontrano diversi murales che raffigurano disegni di bambini o scene di lavoro dei minatori. In fondo alla strada, c'è il birrificio Red Bear Brewery che serve prodotti artigianali di prima qualità.

Ci incuriosiva particolarmente visitare il bar dove poter assaggiare il famoso (almeno da queste parti) cocktail *See you tomorrow*, una miscela resa pressoché letale dai suoi 78° di gradazione alcolica, in linea con la latitudine del luogo, secondo i dettami di un'antica tradizione russa. Il suo nome è tutto un programma, com'è intuibile, perché una volta bevuto un sorso – tanto più per chi è astemio o non avvezzo all'uso di alcol –, la giornata si conclude e arrivederci all'indomani. Io ne sorseggiai un dito e credo di aver sentito le fiamme dell'inferno divamparmi nel petto; per spegnerle mi sono abbuffata di fette di pancarré, che avevo fortunatamente portato con me dalla colazione. Qualcuno ha azzardato che la produzione di questa bevanda – comprensibilmente proibita, almeno ufficialmente – sia stata ispirata dal leggendario *moonshine*, un whiskey di mais illegale avvolto da un'aura mitologica per essere stato una delle bevande simbolo del periodo del proibizionismo americano. In realtà veniva prodotto liberamente sin dalla metà del Settecento, quando a un tratto il governo decise di istituire una tassa federale sugli alcolici, che gli americani dapprima ignorarono aprendo una miriade di distillerie illegali. Quando poi, nel 1920, il governo proibì la vendita e il consumo di alcolici, gli affari esplosero ancor più nella clandestinità: la produzione avveniva di notte e nelle campagne, lontani da occhi indiscreti (da qui il nome, che significa «chiaro di luna»).

Al di là dell'aspetto folcloristico, il fatto che in questi luoghi vengano prodotte bevande tanto forti da tramortire e, in generale, che si faccia un così grande consumo di alcol, la dice lunga sulle condizioni psicologiche degli abitanti. Chi lavora nelle miniere passa intere giornate seppellito a 500 metri di profondità senza quasi riposare, e senza sapere se tornerà a casa, dato che gli incidenti sono frequenti e gravi. Dal 1989, ci raccontarono al bar, sono deceduti sul lavoro più di quaranta minatori.

Inoltre, questi poveri operai sono spesso soli, lontano dai

loro cari e isolati da tutto, anche dalla comunità norvegese: sono come prigionieri, automi pilotati dalla compagnia mineraria che controlla totalmente la loro vita (e quella delle loro famiglie per chi ha la fortuna di averla lì), possedendo tra le altre cose il monopolio delle merci in commercio, il cui costo è scalato loro dal salario tramite apposite carte di credito personalizzate. La moneta, in questi contesti, praticamente non esiste a livello di utilizzo.

A fine giornata tornai alla statua di Lenin (da dove si gode il panorama migliore) e mi ci sedei accanto. Provo fastidio e inquietudine per il clima angosciante e asfittico che si respira in città come questa, un clima che perdura ancora oggi creando solitudine e disperazione nonostante il regime sovietico sia ormai caduto da più di trent'anni. Mi dispiace pensare a queste persone che vivono il paradosso di esser circondati da una bellezza che non possono vivere e godere; anzi, ogni tanto credo che per loro sia un'immensa gabbia dorata, un deserto oltre le sbarre che forse rende ancora più vano il loro desiderio di fuga. Mi rendo conto di essere una miracolata, perché il mio sguardo può perdersi sulle lingue del ghiacciaio Emark che si gettano in mare proprio di fronte a me per poi tornare a un'accogliente casa, a un'accogliente vita. Questo è un luogo in cui non sono più tornata dopo quel viaggio, ma del quale conservo ancora le emozioni suscitate dai suoi contrasti, dalla sua dolorosa bellezza.

Giunse quindi il momento di tornare. Presi posto fuori dall'imbarcazione, in fondo: avevo voglia di stare coi miei pensieri, tra me e me, ma così non la pensava un piccolo gabbiano che si mise a volarci accanto, parallelo a noi e alla stessa altezza. Gli scattai una delle mie foto migliori di sempre.

Poi improvvisamente ci fermammo: eravamo solo a metà percorso quindi non capivo il perché della sosta. Cercai Liga, l'imponente biondona che gestiva la navigazione e le chiesi cosa stesse accadendo. Ci invitò a seguirla mentre srotolava la tracolla di un binocolo e salì sul tetto della barca. Ci avvertì che avevano avvistato qualcosa: si muoveva avanti e indietro girandosi qua e là ma non distogliendo mai totalmente lo sguardo da un punto sempre più vicino. Poi finalmente il mare s'increspò e ne emerse una protuberanza nera e lucida, alzando un geyser d'acqua: una balena, ecco cos'era! «Un beluga» mi corresse un ragazzo, forse il mozzo. Le acque del fiordo sono basse ed è più probabile che si avvicinino questi di animali, perché più piccoli, o talvolta anche cuccioli di balena. Presi dall'entusiasmo ci immobilizammo tutti là sul ponte, sopra il lieve rollio delle acque. Silenti e concentrati setacciammo con lo sguardo ogni angolo di mare intorno a noi per almeno una decina di minuti. Infine, mentre eravamo prossimi a desistere, ecco che d'improvviso il dondolio della barca crebbe e la vedemmo passare a fianco, quasi a portata di braccio. Era lunghissima, sembrava non finire più. Ci scivolò accanto come un'ombra che tinge d'oscuro i riflessi verdi delle acque. Delicatamente, senza emergere. Poi prese il largo. La conclusione di una giornata memorabile.

10. La città fantasma

Pyramiden

L'austerità russa stride, dentro l'amenità europea. Così come geme immersa nella bellezza di paesaggi da cartolina. Eppure, queste note dissonanti, questi lamenti, sono il magnete che porta ad attraversare l'impeto degli elementi per recarsi ai confini del mondo a udirli. Barentsburg mi aveva turbata ma anche ammaliata. Dopo averla vista volevo capire di più e meglio. Volevo avere uno spaccato ancora più autentico e genuino, quanto più libero dalla contaminazione dei tempi moderni, di quel mondo a me incomprensibile.

Così ci imbarcammo di nuovo e ci avventurammo una cinquantina di chilometri a nord verso Pyramiden (78°40'59" N), un insediamento ancor più grande ma, ormai, «fantasma», dopo il repentino e definitivo abbandono avvenuto una ventina d'anni fa. Pyramiden è stato fondato nel 1910 dai minatori svedesi attratti dal grande quantitativo di carbone contenuto nelle sue rocce. Poi, nel 1927 venne ceduto a una compagnia russa che, a sua volta, nel 1931 lo vendette al colosso Arktikugol che operava già a Barentsburg. Anche qui arrivò il flagello della Seconda guerra mondiale, che la rase al suolo. I «compagni» sovietici però non si scoraggiarono, e ciò che ricostruirono fu una vera e propria cittadina con tanto di scuola, asilo, palestra (con campo da basket), piscina con acqua di mare riscaldata, ospedale, cinema, biblioteca, un cimitero (uno anche per i gatti!), e quant'altro. Il benessere prosperava, con i milioni di tonnellate di carbone estratte, e tra gli anni sessanta e ottanta arrivò a ospitare un migliaio di abitanti – oltre che una piccola sede distaccata del Kgb – assegnati a diverse aree residenziali. Le poche donne non sposate stavano in un palazzo chiamato *Parigi* (con un pub al piano terra), mentre per gli uomini single c'era *Londra*; le famiglie, invece, stavano nella *Crazy House* (dal chiasso dei bambini che giocavano). Infine, il *Gostinka* (in russo «hotel» sebbene non fosse un albergo) ospitava i lavoratori stagionali.

Poi accadde l'imprevedibile. L'Unione Sovietica implose e il suo tessuto di Stati vassallo crollò. Il 26 dicembre 1991 l'Unione delle Repubbliche Socialiste Sovietiche fu ufficialmente sciolta. La crisi economica che ne sarebbe seguita avrebbe investito ogni angolo dell'impero, e anche Pyramiden cominciò a sentirne gli effetti, anche perché per accedere a nuovi strati di carbone più in profondità occorreva fare grandi investimenti in un momento di grande instabilità politica. Una tempesta ne chiamò un'altra, e i due insediamenti russi subirono un ennesimo colpo con la tragedia aerea del charter della Vnukovo Airlines, proveniente da Mosca, che il 29 agosto 1996 si schiantò sulla montagna di Operafjellet: morirono tutti i 141 passeggeri a bordo, di cui 130 diretti a Pyramiden. Dopo l'incidente, i residenti si ridussero notevolmente e molte delle famiglie delle vittime intrapresero azioni legali contro la società di estrazione per il risarcimento, aumentando una tensione sociale che, alla fine, portò alla chiusura dello stabilimento. L'ultimo pezzo di carbone fu estratto il 31 marzo 1998 e le poche centinaia di minatori maschi rimasti iniziarono ad abbandonare definitivamente la città, sparpagliandosi tra la Norvegia e la madrepatria. Prima dell'arrivo dei ghiacci, in ottobre, la città rimase deserta.

Fu Kirill, la nostra guida, a raccontarci questa storia. Moscovita di nascita, lavorava là come interprete e guida. Era un amante della solitudine e della vita appartata, ma anche del suo fucile, assolutamente obbligatorio, visto che gli orsi polari sono di casa. Kirill ci diceva di sentire questo luogo come proprio, pur non avendone vissuto l'epopea di cui ci parlava con l'enfasi di chi ne era stato protagonista, con un sentimento di orgoglio misto a malinconia. Ci disse che quella città era stato un sogno che si era realizzato, una sorta di esperimento sociale grandioso di un mondo nel mondo che, pur in seno alla madre Russia, ne sovvertiva gli ideali, offrendo tutta la libertà e il benessere che mancavano in patria. In mezzo a questi ghiacci al confine del globo una comunità di persone visse la propria vita e la visse bene – rimarcò con un luccichio negli occhi –, come dentro a una bolla protetta da ogni ostilità esterna.

Approdammo a Pyramiden dopo circa tre ore di navigazione verso nord, quando a un certo punto l'Isfjorden si ramifica lasciandosi il Sassenfjorden sulla destra, e si entra nel Billefjorden. Era una giornata ventosa di maggio e ci riparammo nell'interno della nave. D'improvviso, però, cominciammo a sentire tonfi che diventavano via via più forti, come se lo scafo si stesse per spezzare. Il capitano ci avvertì che stavamo attraversando i ghiacci riversati nelle acque dal ghiacciaio Nordenskjöldbreen, la cui gigantesca propaggine è lunga 25 chilometri e larga 11. Avvicinandosi al fronte, il muro bianco si faceva impenetrabile e fummo costretti a fermarci, ma eravamo abbastanza vicini da avere una visuale perfetta della distesa sconfinata, frastagliata e screziata di nero con luccichii blu.

Indugiammo una decina di minuti in mezzo al mare che scricchiolava e si dimenava schiaffeggiando di continuo la chiglia, poi cominciammo a ruotare lentamente e invertimmo la prua di 180°, lasciandocelo alle spalle. Attraversammo la baia di Adolfbukta per dirigerci dirimpetto, verso una porzione di costa libera dai ghiacci. Si trattava di uno spiazzo marroncino con sprazzi rossicci, punteggiato di qualche edificio squadrato, un ampio pontile in legno malandato sormontato da una grossa gru arrugginita attaccata a un'impalcatura. Una lunga passerella correva nel retro sulla montagna per imbucarsi nel suo ventre prima della sommità, che culminava con un rilievo a forma di piramide (da cui il nome della cittadina).

Sbarcammo. Cominciammo a girovagare a piedi incontrando via via i monumenti più noti della città fantasma, come l'obelisco rosso a forma di piramide col nome in russo del luogo e il simbolico carrello di carbone davanti. Subito dopo ci precipitammo accanto al busto di Lenin – questo, il più a nord del mondo – per ammirare la sua magica prospettiva vista in decine di foto: la piazza centrale, circondata dagli edifici in cui alloggiavano i minatori, con al centro l'insegna circolare sormontata dall'orso polare e, sotto, la scritta 79° (anche se la latitudine reale è un po' meno). All'orizzonte, le lingue del Nordenskjöldbreen: una visione incredibile, un Eden di ghiaccio. Mi chiedo se questi panorami siano di per sé sufficienti per trascorrerci una vita intera, qui. Credo che se avessi avuto al seguito una famiglia (o un partner) e un contorno affettivo fatto di amicizie con un tessuto sociale dove viverle, non ci avrei pensato due volte; ma credo anche che le condizioni ideali siano impossibili da trovare e che probabilmente non avrei retto più di un mese. Placata la voracità di toccare con mano ciò che avevamo visto solo virtualmente, cominciammo a esplorare palmo a palmo ogni angolo accessibile (e talvolta, non).

La cosa più impressionante di questo luogo è che è rimasto come se lo avessero abbandonato d'improvviso, come se si fossero teletrasportati via in blocco, o lo avessero evacuato in una notte come Černobyl'. Come se avessero interrotto d'un tratto ciò che stavano facendo e se ne fossero andati tutti in buon ordine: piante sui davanzali delle finestre, piatti puliti impilati sugli scaffali delle mense, lenzuola piegate adagiate sui letti, spartiti aperti davanti al pianoforte più a nord del mondo con tanto di bottiglia aperta sopra. E, ancora, vestiti pronti per essere indossati, quaderni aperti sui tavoli, bobine di film srotolate sotto i proiettori, attrezzatura da lavoro lasciata dove l'avevano posata e pronta a essere imbracciata e utilizzata. Sembrava di camminare in mezzo ai fantasmi e di sentire ancora le loro voci, come se ciascuno di loro fosse ancora lì a fare ciò che stava facendo. Una scena da *X-files*: se fossero spuntati Scully e Mulder a parlarmi di rapimenti alieni forse avrei prestato loro attenzione. Chi viene in questo sito entra in una capsula del tempo, un museo sovietico a cielo aperto di un'epoca tutto sommato vicina, eppure tanto lontana, almeno dai nostri standard occidentali. Pyramiden, dunque, nacque e tramontò nella sua età dell'oro, non divenendo mai un luogo di solitudine e costrizione come la gemella Barentsburg, ancora in vita.

Oggi a Pyramiden vivono una manciata di persone che, a turno, lavorano per mantenerla in vita sfruttando l'attenzione turistica delle isole Svarbard, che ha anche permesso di trasformare un vecchio edificio in un albergo confortevole: il Tulip. Ci dormimmo una notte per gustarci il luogo di mattina presto in quasi totale solitudine, prima dell'arrivo delle imbarcazioni che vanno e vengono in giornata. Con buona pace del legame viscerale di Kirill, però, credo che nelle sue attuali condizioni non potrei reggere più di qualche giorno, soprattutto nel periodo invernale. Al solo pensiero un brivido mi attraversa la schiena: sono abituata ai luoghi bui e remoti, ma questo è davvero estremo. Per quanto la macchina commerciale potrà migliorare le cose, qui il tempo si è fermato e non riprenderà a scorrere mai più. Il ghiaccio ne sarà custode per l'eternità.

Ripartimmo infine con un peso sul cuore. Con la sensazione di abbandonare lì quelle anime ancora presenti tra le rovine. Esistenze quasi nascoste, come il pianista sull'oceano dell'omonimo film che ne narrava la leggenda. O magari invece meno sole di noi vivi, comparse indifferenti le une alle altre.

Immersa nei miei pensieri fui destata dalle urla per l'avvistamento di un orso polare che «ci salutava» poco dopo la partenza, sulla costa ovest. Non eravamo vicinissimi, ma abbastanza per vederne la sagoma un tantino sparuta. Come detto, negli ultimi anni il disgelo precoce li ha privati del terreno da caccia al loro cibo preferito, le foche, e non di rado si spingono in lunghe nuotate per trovarle, con il rischio di annegare sfiniti. Raggiungemmo Longyearbyen in serata, con la luce che tingeva d'arancio ogni cosa.

Mi preparai a un saluto, un saluto che aveva il sapore di un addio. Eppure, nella vita non si sa mai: le isole Svalbard rimarranno lì ancora a lungo ad aspettare.

PARTE TERZA

La «terra verde»

Groenlandia

① *Kangerlussuaq*

② *Baia di Disko*

③ *Ilulissat*

④ *Qaanaaq*

11. Dall'alto

Il mio primo incontro con la Groenlandia è stato dall'alto.

Eravamo in volo per Chicago, diretti a osservare un'eclisse totale di Sole. Dopo qualche ora dalla partenza mi ero addormentata, cullata da una lieve turbolenza che, a quanto pare, era diventata sempre più forte fino a quando due bruschi scossoni non mi avevano fatto sbattere la testa ciondoloni contro il finestrino. Imprecando ancora annebbiata, mi rassegnai a svegliarmi, inforcando gli occhiali e gettando uno sguardo fuori dall'oblò per capire dove ci trovavamo. Quando ho messo a fuoco mi è preso un colpo e ho cominciato a saltellare sul sedile come fossi impazzita.

Ho dato l'adunata stile «bar sport» al gruppo che mi accompagnava, sparpagliato qua e là, urlando loro di guardare sotto, trafitta dalle occhiatacce delle hostess. Luca, che sedeva accanto a me, è stato travolto e usato come sgabello per raggiungere la bauliera e recuperare lo zaino fotografico: col telefonino non avrei concluso granché; mi serviva lo zoom per poter catturare adeguatamente la meraviglia che vedevo sotto, improvvisando pose da contorsionista. Era una lotta contro il tempo, prima che a 800 chilometri orari il paesaggio scivolasse via.

Per seguirlo sono anche balzata da un lato all'altro dell'aereo tra un «sorry» e un «thank you»; credo che non mi abbiano insultato solo per l'entusiasmo contagioso e innocente da teenager. Quelle immagini ancora oggi sono tra le migliori che abbia mai scattato, e danno bella mostra di sé in un mio libro fotografico dedicato ai paesaggi di ghiaccio e fuoco. Ciò che si vedeva era la punta meridionale della Groenlandia, col suo reticolato di ghiacciai che dalla calotta centrale «colavano» giù verso l'Oceano, disegnando una trama raffinata. Disseminati davanti al fronte delle lingue bianche dall'aspetto frastagliato e screziati di tonalità più scure, sembravano una moltitudine di frammenti di puzzle. La maggior parte assomigliava a minuscole briciole, mentre altri erano visibilmente enormi, ma, considerato che ci trovavamo a circa diecimila metri di quota, anche quelli più piccoli dovevano essere grandi come palazzi.

Le lagune che li accolgono hanno una tonalità bluverdastra lattiginosa, spesso marroncina a causa del maggior apporto di fanghiglia. È tipica degli ambienti glaciali e conferisce al paesaggio una sensazione di staticità, come fosse disegnato o scolpito. L'aspetto più suggestivo di quel «dipinto» era il fitto intreccio dei «rivoli» di ghiaccio che, alla fine, si comportano come l'acqua, sebbene muovendosi in tempi lentissimi e scavando la roccia con maggior veemenza. Alla fine, del loro passaggio, resteranno solo le insenature dove sono fluiti: i fiordi, che possiamo ammirare in diverse parti del mondo, come la Norvegia.

Quel giorno, sfrecciando tra le nubi ho lasciato su quel cielo una promessa: prima o poi avrei goduto di quella sublime visione anche dal basso…

L'airbus 330-200 della Air Greenland si fa notare. La fusoliera è interamente dipinta di rosso acceso, mentre le ali sono bianche insieme alla scritta sul fianco e una serie di circoli sull'estremi-

In volo sulla Groenlandia.

tà della coda. Niente a che vedere con la più sobria flotta della compagnia scandinava, la SAS, che punteggiava, candida, l'aeroporto di Copenaghen dove ci trovavamo. Oltre che vistoso, questo aereo è anche gigantesco: una vera mostruosità di quasi 60 metri di apertura alare e lunghezza, riempita con 278 posti; pare che possa portare la sua enorme mole fino a oltre 13 600 metri di quota.

Be', diciamo che i groenlandesi hanno fatto le cose in grande, anche se si sono potuti permettere solo uno di questi colossi che fa la spola di continuo dall'isola al continente. Quando ce l'avevano raccontato, le settimane prima della partenza, la cosa non mi aveva entusiasmato: un unico mezzo che fa di continuo avanti e indietro senza fermarsi mai; una considerevole usura, che si spera sia accompagnata da un'adeguata opera di manutenzione.

Salirci a bordo fa un certo effetto perché si è consapevoli

che si sbarcherà in mezzo ai ghiacci ai confini del mondo. Una sorta di ammirazione frammista a curiosità la si leggeva anche negli occhi delle persone che ci osservavano imbarcarci, con l'abbigliamento di chi va a sfidare un ambiente ostile dal momento in cui metterà il naso fuori dall'abitacolo.

Fortunatamente solcammo in tranquillità i cieli turbolenti dell'Atlantico del Nord. Ma questa volta non mi feci sorprendere dal sonno: al contrario, tenni sotto controllo la rotta nello schermo sopra di noi armata fino ai denti con obbiettivi di ogni genere. Avevo fatto bene i conti e ci trovammo dal lato giusto dell'aereo per poter osservare il panorama. Come in un percorso a ostacoli sfiorammo prima le isole Fær Øer, poi scavalcammo l'Islanda e finalmente raggiungemmo la muraglia groenlandese. Abbordammo la costa da sudest: il dedalo di ghiacciai che ci accolse è più minimale rispetto alla punta sud, ed è fronteggiato da una distesa di iceberg luccicanti. Alle spalle, la corona di rilievi che delimita la gigantesca calotta glaciale. Con poco meno di due milioni di chilometri quadrati di superficie, che coprono l'80% del territorio, è seconda di dimensioni solo a quella antartica.

L'*inlandsis*, così viene chiamata, è caratterizzata da una parte pianeggiante centrale spessa fino a tre chilometri, con l'elevazione massima raggiunta dal Gunnbjørn Fjeld (3700 metri), nella porzione centro-orientale dell'isola. I margini, invece, sono orlati di catene montuose che arrivano a ridosso della stretta fascia costiera intensamente incisa dai fiordi. È eccitante immaginare cosa sia rimasto sepolto là sotto prima che la coltre di ghiacci lo sigillasse. Magari qualche mistero, nascosto proprio dentro la sessantina di laghi censiti. Sempre che siano laghi e non le intercapedini di un arcipelago di lembi di terra saldati dal manto glaciale. Il mio pensiero, però, già al primo contatto visivo fantasticava sulle bizzarre forme animali e vegetali che si potrebbero nascondere là sotto, consapevole che, al contrario, buona parte del modo vorrebbe solo mettere le mani sulle sue enormi ricchezze mineralogiche (qui come in Antartide). Questo bottino naturalistico, però, è stato messo sottochiave dai ghiacci milioni di anni or sono, prima che l'isola, la più grande del mondo, migrasse nella sua attuale posizione da latitudini vicine alle nostre.

Dunque, l'immagine di «terra verde» (da cui il nome *Green Land* o *Grönland* in danese) tramandata nelle saghe vichinghe da Erik il Rosso è fuorviante. Il famoso condottiero normanno vi approdò nel 982 d.C. scappando dalla sua patria norvegese dopo essersi macchiato di una serie di omicidi – non prima di commettere ulteriori efferatezze in Islanda ed essere cacciato. Sbarcò nel Sudovest dell'isola, dove le condizioni climatiche erano sicuramente migliori dei paesi precedenti, così come abbondanti la quantità di pesce, pascoli e mammiferi da cacciare. Per alleviare le rigide condizioni di vita, però, c'era bisogno di espandere l'insediamento, e così quando poté rientrare in Islanda raccontò di quella verde e fertile «terra promessa» convincendo centinaia di avventurieri a prendere il mare con lui per tornarvi. Fondò così la «colonia orientale» dove rimasero per quattro secoli. A più riprese la popolazione raggiunse il numero di 3000-5000 persone, tanto che con la Scandinavia venne avviato un commercio di avorio di tricheco in cambio di metalli e generi alimentari che in Groenlandia non si potevano trovare.

Quel periodo cadde all'interno della fase che gli studiosi chiamano «Optimum climatico medioevale», quando, fra il 750 e il 1200 d.C., il nostro continente registrò valori più alti di quelli attuali. Ma si parla di 1-1,5 °C di aumento, certo non sufficienti per consentire l'aspetto ameno favoleggiato dal navigatore. L'andamento s'invertì a partire dal quattordicesimo secolo e fino alla metà del diciannovesimo, quando un insolito raffreddamento diede vita alla Piccola era glaciale. I ghiacci della Groenlandia avanzarono rendendo impossibile la vita delle colonie perché i vichinghi non avevano certo la cultura e l'abilità degli inuit. Avevano bisogno di abitazioni in pietra e legno, quest'ultimo necessario anche per le imbarcazioni. Tutte materie prime che trovarono quando sbarcarono, ma che esaurirono facendone largo uso. Soprattutto il legno, perché a quelle latitudini gli alberi non ricrescono così facilmente e velocemente. Così come l'erba per i pascoli. Alla fine, le condizioni di vita diventarono troppo dure e molti se ne tornarono da dove erano venuti, mentre altri morirono strada facendo, ingoiati dai gelidi mari del Nord.

Pensavo a questa saga incredibile mentre volavamo sopra al bianco assoluto. Compatto, uniforme, per almeno un paio d'ore nulla ne è affiorato, niente si distingueva. Mi muovevo su e giù per l'aereo alla ricerca di qualche scorcio o di una veduta migliore di quella vastità; finalmente ne trovai uno in testa all'abitacolo, là dove c'era seduto un signore che guardava fuori con aria pensierosa. Vedendomi allineare lo zoom al pertugio dell'oblò in ginocchio, mi propose di prendere il suo posto per stare più comoda: accennai un sorriso di ringraziamento e mi avventai sul vetro, sbattendoci contro varie volte la lente dell'obiettivo e scattando a ripetizione. Appena mi placai, l'uomo, che mi osservava tra il divertito e l'incuriosito, si presentò: si chiamava Gellir (o qualcosa di simile perché lo pronunciò con uno strano verso gutturale). Era un omone di carnagione scura, dai tratti leggermente asiatici e i capelli brizzolati, con grandi occhiali squadrati marroni un po' retrò.

«Meraviglioso, vero?» mi disse in inglese, distogliendo lo sguardo da me e abbandonandolo oltre le mie spalle. «E pensare che là sotto c'è l'inferno...» aggiunse con un sospiro malinconico. «Un luogo senza orizzonte e senza anime. Quelle poche che ci capitano per sbaglio, le porta via col favore dei demoni che lo popolano» proseguì.

Le sue parole sibilline mi colpirono; era come se volesse far intravedere una conoscenza segreta, antica, o forse un'esperienza dolorosa. Gli chiesi di cosa si occupasse, cosa lo stesse portando in Groenlandia, e lui mi raccontò di essere un insegnante elementare nel piccolo villaggio di Qaanaaq, arroccato sul dolce pendio di un fiordo che digrada a mare nell'estremo Nord della costa occidentale dell'isola. «Il Canada, da lì, dista solo una trentina di chilometri» ammiccò. Annuii, perché il luogo di cui mi stava parlando era una tappa del nostro programma di viaggio, un tempo nota con il nome di «Thule», come la leggendaria isola che gli antichi ponevano alla fine del mondo.

Un nome che in realtà deriva dalla base aerea di Thule che gli americani costruirono negli anni cinquanta, facendo traslocare la popolazione originale nel nuovo insediamento di Qaanaaq. Lui però mentre mi spiegava questo scuoteva la testa con un mezzo sorriso: «Per noi inuit è Avanersuaq: il Grande Nord». M'illuminai: Gellir quindi era un inuit, una delle popolazioni più antiche del Nord del mondo. Manifestai il mio entusiasmo e lui mi rispose con fierezza: «Sì, sono sopravvissuto alla morsa mortale dell'altipiano. Ero giovane e spavaldo, e c'è stato un momento in cui volevo sfidare i demoni che si nascondono laggiù» proseguì, indicando con un cenno del capo l'oblò. «Ero arrabbiato e li volevo affrontare. Il Piterak, però, mi ha quasi ucciso, chiedendo in cambio della vita un pezzo di me». Mi mostrò di sfuggita la sua mano sinistra priva del mignolo e dell'anulare. «È stato un buono scambio» aggiunse «perché mi è stata concessa un'altra possibilità e oggi sono qui a guardare quel passato dall'alto».

Gellir era stato vittima dei venti catabatici che in groenlandese si chiamano, appunto, *Piterak* (che significa «quello che ti attacca»). Sono raffiche che soffiano dall'altipiano verso le coste a velocità prossime ai 200 chilometri orari, rendendo ancora più severe temperature intorno ai –60 °C. Si formano a seguito del massiccio raffreddamento atmosferico che si crea sopra il vasto plateau di ghiaccio durante i mesi più freddi. L'aria gelida diventa più pesante di quella circostante, aumentando la pressione atmosferica che la spinge a scendere lungo le inclinazioni topografiche. Dio solo sa quante vittime ha mietuto. In anni recenti ho letto di tre giovani finlandesi che sono stati sorpresi dal suo arrivo prima di riuscire a fissare la tenda. Hanno scavato un buco nel ghiaccio per ripararsi ma quelli che non sono riusciti a rimanerci e sono usciti, sono morti assiderati. Bastano pochi minuti. È veramente un soffio mortale.

Qualche anno fa lessi diversi aneddoti legati a questo fenomeno atmosferico nei libri di Robert Peroni, un italiano altoatesino trasferitosi da un trentennio a Tasiilaq, un paesino di mille abitanti ancorato su un'isoletta di un fiordo sulla costa est. Peroni racconta che il primo vento ad arrivare è il *Naqajaaq*: il vento delle donne, che dal mare sale sull'altopiano. «Non accarezza ma neanche colpisce», scrive. Di lì a qualche ora, però, arriva il gelido e feroce Piterak, «il vento degli uomini». Ad annunciarlo, una sorta di fumo sul profilo dei rilievi. Tra i due una sorta di stasi di diverse ore in cui il cielo diventa d'improvviso limpidissimo e tutto pare fermarsi. Chiesi al mio nuovo amico come avesse potuto essere colto in fallo dal vento conoscendo questo meccanismo, in quanto uomo del luogo, immaginai pieno di esperienza. Lui per tutta risposta si girò verso la carlinga attraversandola con lo sguardo, e con aria triste pronunciò un sommesso «Già...», come fosse indeciso se aggiungere altro o meno. Stavamo galleggiando tutti: lui nel suo passato, io in quel presente di racconti. L'aereo su quello scrigno bianco di storie e segreti inconfessabili.

Un intenso sibilo attraversò le mie orecchie, tappandole. Per me è un segnale inconfondibile: ci stavamo abbassando di quota. Impugnai la fotocamera e guardai fuori. L'airbus stava facendo un'ampia virata inclinando quasi verticalmente l'ala del fianco in cui eravamo seduti. Adoro questi bruschi cambiamenti di rotta perché si ha la sensazione di precipitare sul paesaggio sottostante e si apre una visuale favolosa. Talvolta nei miei viaggi mi incollo al finestrino per sentire la gravità spingere sul mio viso e avere la sensazione di andare incontro al vuoto. Procedemmo lungo costa, dove il «crème caramel» del ghiaccio colava fuori dalla ciotola verso il mare. Le lingue glaciali erano vicinissime e non ci cadevamo sopra solo perché volavamo a 500 chilometri orari, anche se parevamo immobili.

Deviammo ancora e ci imbucammo all'interno del Søndre Strømfjord, lungo 170 chilometri e tagliato a metà dal Circolo Polare Artico. La hostess ci invitò ad allacciare la cintura. Decisi di rimanere là per l'atterraggio, con buona pace dei miei compagni di viaggio, abituati a vedermi sparire durante i voli a caccia di scorci o, come in questo caso, di nuove amicizie.

12. Ai margini dell'inlandsis
Kangerlussuaq - baia di Disko

La nostra prima tappa in Groenlandia è stata Kangerlussuaq, un piccolo paese situato a metà strada tra Nuuk, la capitale, e Ilulissat. Qui fu predisposta la prima pista di atterraggio del paese nell'estate del 1928, quando due americani tentarono di volare dagli Stati Uniti alla Svezia. Poi, durante la Seconda guerra mondiale, dopo l'invasione della Danimarca da parte della Germania, l'amministrazione dell'isola finì agli Stati Uniti, che trasformarono Kangerlussuaq in una base militare strategica e ben attrezzata, che al tempo della Guerra fredda poteva rilevare i bombardieri sovietici e segnalare possibili invasioni via terra o mare. Dopo la caduta dell'Urss, però, la sua utilità diminuì e nel 1992 gli americani la abbandonarono in mano ai danesi, che ne mantennero la funzionalità. E così è diventata l'unico luogo in cui possa atterrare il mastodontico airbus sul quale ci trovavamo.

Il piccolo aeroporto è il centro nevralgico della zona. Al suo interno c'è un albergo, un ristorante, un bar e un negozietto di souvenir. Ma è anche un posto di ritrovo improvvisato dove ho visto in alcune occasioni i bambini giocare nello spazio in mezzo ai due gate come in un parco giochi. Le poche anime che vivono a Kangerlussuaq sono sparpagliate nelle rade case che s'incontrano nei dintorni. Per il resto c'è davvero poco, se non un ristorante, l'immancabile chiesa, un piccolo museo, un ostello e alcuni prefabbricati che fungono da sede di «agenzie» che organizzano escursioni. Più che un paese è un insediamento anonimo, dispersivo e desolante provvisto dei servizi essenziali, che nel periodo estivo affiora da strade spoglie e polverose.

Il suo pregio principale è quello di ospitare l'unica strada della nazione che conduce alla calotta polare. È lunga 25 chilometri e, in alcuni tratti, totalmente sconnessa. Per affrontarla si utilizzano ex camionette militari con gigantesche ruote chiodate. Sono mezzi estremamente rigidi e i sobbalzi sono micidiali. Otto ore, tra andata e ritorno, di un vero massacro. (Il giorno successivo al nostro transito ci sembrava di essere stati presi a cannonate.) Per raggiungere la destinazione finale, si deve risalire il fiume Qinnguata Kuussua, dono dello scioglimento delle propaggini esterne della calotta. Il paesaggio che si attraversa è un susseguirsi di rilievi arrotondati e laghi di tutte le dimensioni. Spesso ci fermammo a scattare foto, sfruttando la gradevole temperatura, qualche grado sopra lo zero – anche se pronta a crollare alle prime raffiche di vento.

Durante una delle tappe avvistammo un gruppetto di animali che non avevo mai visto prima. Assomigliavano ai bisonti ma avevano un pelo più lungo che scendeva dritto e fluente lungo i fianchi del corpo, per lasciar fuori solo le zampe. Le corna, ricurve, gli partivano dal centro della fronte. Dopo averli visti un po' più da vicino notammo che hanno il viso più dolce dei bisonti – anche se da questo lato la mia visione è un po' di parte, da quando ne ho fatto imbufalire uno, a Yellowstone, che mi è corso dietro galoppando lungo le passerelle di legno in mezzo alle pozze bollenti. Chris, la nostra guida, ci spiegava

Uno scorcio sul fiume Juutuanjoki che taglia il paese di Inari, nell'estremo Nord della Lapponia finlandese

In queste pagine: La magia della baia di Disko, nei pressi di Ilulissat (Groenlandia), sulla costa ovest dell’isola.

Dense colonne di vapore bianco s'innalzano dalla centrale geotermica di Leirhnjúkur, nel Nord dell'Islanda, nell'area vulcanica del Krafla.

L’impressionante allineamento dei 130 crateri che formano il Lakagígar (Islanda): ciò che rimane dell’immane eruzione avvenuta nel 1783.

Una propaggine del ghiacciaio Vatnajokull. (Islanda), la seconda calotta più grande d'Europa.

La cascata di Aldeyjarfoss (Islanda). Alimentata dal ghiacciaio Vatnajökull, le sue acque compiono un salto di 20 metri dentro un ampio bacino.

Il sito di Kerlingarfjöll, dono del sistema vulcanico sepolto sotto il ghiacciaio Hofsjökull. Il suo colore aranciato è conferito dalla roccia riolitica.

che sono i buoi muschiati, abitanti della tundra e stoici reduci dell'era glaciale. Al mondo ne sono rimasti pochi esemplari e la maggior concentrazione si trova proprio in Groenlandia. A dispetto del nome sono imparentati con pecore e capre, e l'aggettivo dipende dal fatto che il loro vello odora di muschio. Un vello che è il più efficace termoisolante mai prodotto da Madre Natura. Questi animali sono schivi, così cercai di avvicinarmi un po' per fotografarli meglio. Chris, però, mi dissuase dicendomi di non farmi ingannare dall'apparenza: pur pacifici, per difendersi o nel periodo dell'accoppiamento sono in grado di cariche mortali.

Lungo il percorso ci fermammo per una tappa in uno spiazzo e ci incamminiamo per un ripido sentiero acquitrinoso verso il ghiacciaio Russell. Eravamo solo noi e ci gustammo il paesaggio che conduce davanti al fronte che, in alcuni punti, è alto 60 metri: è una muraglia bianca totalmente frantumata in blocchi oblunghi, screziata di un'alternanza di venature scure e riflessi blu; ai suoi piedi, cumuli di blocchi di ghiaccio più o meno levigati e qualche piccola grotta o cavità. Pare immobile, ma i suoi scricchiolii tradiscono il continuo movimento, peraltro molto veloce, di circa 25 metri l'anno. La tensione fa staccare di continuo frammenti. I più grandi rovinano al suolo quasi al rallentatore, sgretolandosi lungo la caduta e alzando un arcobaleno di schegge scintillanti.

Ci sedemmo su un'altura proprio di fronte e rimanemmo in contemplazione per una buona ora, durante la quale Chris – che sembrava il sosia dell'attore Bill Paxton (il protagonista del film *Twister*) – ci raccontò la sua storia e come fosse arrivato in questo luogo remoto a fare il lavoro di guida. Ci spiegò che è un incarico stagionale che ha accettato per una questione economica, ma che la bellezza del paesaggio non riusciva a compensare il senso di solitudine che gli trasmetteva,

L'autrice di fronte al ghiacciaio Russel (Kangerlussuaq).

e attendeva con ansia il momento di far ritorno a casa in Danimarca. Non potevo biasimarlo. Kangerlussuaq è solo una base logistica molto spartana priva di un qualsivoglia tessuto sociale, dove nessuno si ferma se non quel paio di giorni nei propri alloggi per preparare le varie escursioni; talvolta anche senza sosta, se le escursioni si svolgono lontano da lì. Niente luoghi di ritrovo né convivialità; alla lunga una mancanza pesante.

Mangiammo qualche biscotto al cioccolato e bevemmo tè caldo, poi ci rimettemmo in cammino per rientrare sul nostro mezzo diretti verso la reale meta: la calotta. Il restante tragitto per raggiungerla saliva dolcemente, con pochi tratti un po' più ripidi. Finalmente la strada finì in una sorta di slargo dove scendemmo. Ci organizzammo con slitte, zaini e tutto l'occorrente per trascorrere un paio di giorni nel suo interno in un campo base a circa due ore di cammino. Scollinati gli ultimi metri di roccia che bordavano l'enorme mole bianca, ci trovammo di fronte alla meraviglia: il cielo era terso e lo sguardo si smarriva nella vastità. Uno sconfinato deserto di ghiaccio increspato da fratture e piccole dune e, in alcuni luoghi, ricamato da reticolati di rigagnoli più o meno grandi di acqua limpida e azzurrissima, frutto del disgelo superficiale. Rimanemmo un po' attoniti di fronte a una tale imponenza. Pur essendo al margine della colossale massa, sapevamo bene di calpestare almeno un chilometro di spessore di ghiaccio antico, che nel centro triplica. Ci trovavamo sulla superficie di un suolo antichissimo che custodisce e preserva vicende che si perdono nei tempi più remoti. Quando cala la notte, e il riflesso lunare rende tutto spettrale, l'atmosfera di mistero si fa palpabile e si ha quasi la sensazione di sentire sussurrare quei demoni di cui parlava sull'aereo Gellir. Dio solo sa che inferno possa diventare, quando il buio e il freddo imperano per mesi e mesi: che urli agghiaccianti si odano quando spira il Piterak. Pochissimi, se li hanno uditi da lì, nel massimo del freddo, possono raccontarlo.

D'altro canto, anche il bianco accecante è tutt'altro che benevolo. Senza la benché minima vegetazione che possa produrre contrasti cromatici e ombre, i raggi solari e il luccichio della superficie marina ricoperta di ghiaccio riverberavano imperterriti come un ininterrotto tsunami di luce. Per secoli, prima di capirne la causa, i bambini si ammalavano nel doloroso tentativo di tenere gli occhi aperti e accogliere tanta luminosità, ancora più brutale al termine della lunga notte artica. Ma non solo. Tale eccesso di luce arriva a ingannare la mente causando perfino allucinazioni. Il fenomeno è conosciuto come *whiteout*. Avviene perché il bagliore eccessivo può annullare la percezione dello spazio rendendo tutto uniforme: neve, cielo e terra. E lo stesso accade per l'udito, ingannato dal vento che smuove il suolo dando l'impressione di presenze fantasmatiche. La mente perde i parametri di riferimento ed entra in confusione.

Un altro veleno per il nostro cervello è rappresentato dalla solitudine. Lì è normale trovarsi lontani da casa a cacciare per giorni e giorni senza vedere anima viva, magari intrappolati come in un sarcofago in una giacca a vento o dentro un buco in attesa che gli elementi si plachino. L'angoscia scava dentro la psiche portando a galla paure ataviche. Anzi, materializzandole. Forse è per questa ragione che i popoli che vivono in questi luoghi hanno la fama di essere tra i più «menzogneri» e fantasiosi del mondo, con i loro racconti fatti di imprese e creature leggendarie, storie incredibili ed esperienze soprannaturali.

In queste condizioni, insomma, il senno e il corpo vacillano: a –40 °C non si riesce più a guardare nitidamente perché l'umor vitreo dell'occhio comincia a gelare. E non si può neanche respirare, poiché l'aria è talmente secca che dopo una decina di minuti si spaccano i capillari dei polmoni. A –48 cominciano i laringospasmi mentre a –55 basta meno di un minuto perché la pelle nuda si congeli. Chi si trova ad affrontare tali condizioni diventa una capsula stagna: un intero universo chiuso nei propri confini che può esplorare come non mai, ma in balia di stati mentali ignoti che si muovono ai confini della realtà.

Prima di lasciare la calotta, mentre eravamo sul margine in prossimità di scollinare, noi stessi ci trovammo davanti a un'allucinazione: un enorme «fantasma» scuro circondato da un alone iridato ci apparve davanti. Eravamo sufficientemente freschi, lucidi e sicuri della nostra scienza per sapere che si trattava di un fenomeno ottico: lo spettro di Brocken. Si crea quando si è retroilluminati da un sole piuttosto basso sull'orizzonte (intorno ai 40°) e sopra un mare di nebbia o nubi. L'ombra che si materializza è tanto più grande quanto più vicine sono le nuvole il cui movimento crea la sensazione che «lo spettro» sia animato. L'arcobaleno che lo circonda, detto «gloria», invece, si forma a causa della diffrazione della luce solare da parte delle gocce d'acqua che attraversa quando hanno angoli compresi tra i 5 e i 20°. Tanto più grandi sono tali gocce, quanto più intensi appariranno i colori. Se le dimensioni sono minuscole i colori tendono a svanire lasciando spazio solo al bianco.

Un paio di volte vidi questo fenomeno anche in volo. L'ombra proiettata era quella dell'aereo. Il nome di questo fenomeno deriva dal monte Brocken, in Germania, dove le condizioni meteorologiche lo rendono frequente. Mi domando ancora adesso come gli antichi abitanti possano aver vissuto questa «apparizione», così come chiunque spaventato dai demoni della desolazione bianca.

Rientrammo dalla nostra breve esplorazione frastornati. Ci eravamo resi conto che l'inlandsis non è uno sterile deserto di ghiaccio. Al contrario, è un universo a sé, con una propria «vita» dinamica e cangiante, anche se per noi assolutamente proibitiva. L'habitat circostante si faceva invece a noi sempre più congeniale a mano a mano che scivolavamo giù dalle pareti del fiordo verso il mare. Come quel ghiaccio antico che, strada facendo, si trasforma in acqua, così il nostro animo si ammorbidiva e fluiva intorno a qualche lembo di terra ricoperto dalla vegetazione della tundra che si faceva strada tra la coltre invernale progressivamente più rada. Agitati dal vento si facevano via via notare dei batuffoli simili al cotone: erano i pennacchi di Scheuchzer, la cui pianta è utilizzata da secoli per curare le ferite dalle popolazioni indigene locali. Un fiore così delicato eppure così tenace. La vita, insomma, a valle riprendeva a pulsare, e quando avvistammo Kangerlussuaq ci apparve come una metropoli. C'era ancora tanta luce perché ci stavamo avviando verso l'estate polare. Lì, dal 2 giugno al 19 luglio, per 37 giorni, il sole non scende mai sotto l'orizzonte. La notte, però, anche se in ritardo, arriva, e molto spesso si veste dei colori di straordinarie aurore. Intense come non mai, perché le condizioni del cielo sono tra le migliori al mondo per gran parte dell'anno.

Kangerlussuaq ci aveva donato quanto poteva, così ripartimmo soddisfatti. L'avremmo salutata in modo definitivo al ritorno dalle altre tappe, perché è da lì che l'airbus 330-200 si sarebbe librato in volo per tornare sul vecchio Continente. Il bar dell'aeroporto mi metteva a mio agio. Non voglio essere fraintesa, il caffè che servono è orribile: la classica brodaglia americana lontana anni luce dal nostro leggendario espresso. A ogni modo, le grandi vetrate che accompagnano lateralmente i tavolini fanno dimenticare la qualità del cibo, aprendosi sulle montagne marrone scuro chiazzate di bianco, trafitte dal rosso porpora di qualche volo che atterra. Sarei stata ore ad ammirare quegli uccelli di metallo che si destreggiano tra le pareti del fiordo. Ma ancora più emozionante è esserci sopra.

Ci imbarcammo di nuovo. Questa volta su un Dash-8-200: coi suoi 37 posti distribuiti su poco meno di venti metri è un fringuello, a confronto dell'ammiraglio. D'altro canto, è usato solo per i voli interni, quindi per non più di due-tre ore consecutive. Il suo miglior pregio, però, è di volar lungo costa a poche migliaia di metri di quota, vicinissimo al paesaggio. In pratica una poltrona in prima fila per uno degli spettacoli più emozionanti che possa offrire Madre Natura.

Decollammo in una giornata di vento. Eravamo leggeri e venivamo strattonati di continuo; le eliche dei quattro motori rombavano e arrancavano, ma finalmente ci portarono su, anche se un po' barcollanti. Uscimmo dallo Strømfjord e virammo verso nord seguendo la costa. La nostra destinazione era Ilulissat, a circa 250 chilometri di distanza.

Il meteo ci era propizio: c'era una visibilità pazzesca. Da lassù vedevamo sotto un'altra prospettiva il margine della calotta «traboccare» in una miriade di lingue glaciali che s'intersecavano, si fagocitavano, si fondevano in un ricercato arabesco punteggiato dagli specchi azzurri delle acque lagunari. Una bellezza indescrivibile, commovente. Non riuscivo nemmeno a concentrarmi con le due fotocamere per immortalare il paesaggio; avrei avuto voglia di guardarlo e basta. Ci abbassammo di quota e d'improvviso ci ritrovammo a galleggiare sopra una distesa sconfinata di iceberg. Erano di tutte le forme, le dimensioni e i colori. Sì, proprio i colori perché taluni sono bianchi come il latte, altri screziati di nero, marrone, blu. Uno in particolare catalizzò la mia attenzione: sulla sua superficie leggermente concava si era formato un piccolo lago azzurrissimo. Mi contorcevo per riprenderlo bene, ma eravamo troppo stretti, praticamente incastrati l'un l'altro e non c'erano a disposizione inquadrature migliori.

L'artefice di questo incomparabile spettacolo è il ghiacciaio Sermeq Kujalleq, uno dei più attivi e veloci del mondo (si sposta di 20-30 metri al giorno). Attraverso il fiordo di Kangia, lungo 55 chilometri e profondo un migliaio, riversa nell'oceano circa 46 chilometri cubi di ghiaccio ogni anno (l'equivalente di 35 miliardi di tonnellate); praticamente il 10% di tutti quelli presenti sull'isola. Pare che l'enorme iceberg che nell'aprile del 1912 colpì e affondò il transatlantico *Titanic* si fosse staccato da qui. In effetti, ora che vedo coi miei occhi cosa c'è qua sotto non stento a crederlo.

Avrei voluto che l'atterraggio non finisse mai, ma allo stesso tempo non vedevo l'ora d'immergermi in quella candida moltitudine. Solo qualche chilometro separa l'aeroporto dal centro abitato. Il paesaggio è unico: iceberg ovunque a perdita d'occhio. Percorremmo la strada in apnea, senza parole. Quando vidi il cimitero urlai al tassista di accostare: volevo vedere su-

Scorcio della baia di Disko.

bito quella selva di croci e lapidi da vicino. Che contrasto di simboli, che tripudio di metafore!

Arrivammo infine al nostro albergo, che si affacciava su un panorama Patrimonio dell'Umanità: la baia di Disko. Dalle finestre delle camere si vedevano miriadi di iceberg, una distesa interminabile. Apparivano immobili, quasi scolpiti.

Dopo averli fissati mezz'ora imbambolata seduta sulla valigia, desistei al calore della stanza e cominciai a spogliarmi e sistemare le mie cose gettando uno sguardo a ogni passaggio, ma senza che niente si fosse mosso. Quelli più vicini parevano incollati sopra una tavolozza rosata, mentre all'orizzonte sembravano sospesi in aria dando l'impressione di fluttuare come

nuvole. Era primavera artica inoltrata e il buio arrivava tardissimo: lo si doveva creare artificialmente tirando le spesse tende con le ultime energie. Con un po' di coraggio spensi il proiettore del cinema e mi abbandonai a un sonno agitato da mille emozioni.

Abituata a viaggiare, non di rado quando apro gli occhi la mattina mi domando dove mi trovo. A Iullissat, al primo risveglio, sobbalzai dal letto e mi precipitai verso la finestra aprendo bruscamente le tende, come a voler cogliere in fallo qualcuno. Mi aspettavo il delizioso, immobile dipinto che avevo memorizzato la sera prima, magari con tinte diverse; invece rimasi di sasso: era tutto completamente cambiato. Quegli enormi macigni, che parevano inchiodati mentre li osservavo, si erano totalmente scambiati di posto, o almeno di orientamento. Come avevano fatto così «in fretta»? La mia curiosità di scienziata si accese e durante il giorno mi avvicinai a loro da varie angolazioni, accerchiandoli da ogni lembo di costa possibile. Anche fissandoli da pochi metri di distanza non ci si accorgeva del loro movimento, un po' come osservare la luna o qualsiasi astro in cielo: sembravano immobili. Lo spostamento si coglieva solo se si guardava la loro disposizione a distanza di tempo. A tradire l'impercettibile moto dell'acqua placida su cui poggiano era una piccola piuma bianca che ci transitava davanti lentissima.

La magia della baia di Disko, che prende il nome dell'omonima isola che la fronteggia, non si può comprendere appieno se non si naviga in mezzo alle sue cattedrali di ghiaccio. Noi ci avventurammo a cavallo tra la sera e la mezzanotte, con il sole che danzava prossimo all'orizzonte pennellando tutt'intorno di luce aranciata. La piccola rompighiaccio dalla carena rossa sulla quale navigavamo scivolava sul mare verdazzurro, trasparente al punto che di molti iceberg si vedeva chiaramente la parte sommersa anche in fotografia. Quando si dice che l'esperienza insegna più di ogni libro: il principio di Archimede era lì davanti a noi a mostrarci in diretta che solo un dieci per cento della massa affiora in superficie, a causa della lieve differenza di densità tra l'acqua dolce e quella marina salata.

Ciò che, però, ignoravamo è che pochi sono gli iceberg completamente bianchi. Molti racchiudono infinite sfumature di azzurro, cambiando di tonalità a seconda dell'angolo e dell'intensità della luce che li attraversa. Il blu indica che nell'interno c'è poca aria, espulsa a seguito di compressioni avvenute durante la genesi del blocco. Le tonalità scure, invece, sono dovute al detrito terrigeno raccolto strada facendo dalla massa che li ha generati. Altri, poi, sono semitrasparenti. C'è inoltre da dire che non sono masse informi di ghiaccio ma ciascuno è un microcosmo a sé, in cui l'azione del mare e del vento hanno scolpito un paesaggio fatto di coste, grotte, archi e rilievi, punteggiati di piccoli laghi o irrorati da brevi corsi d'acqua. Sono

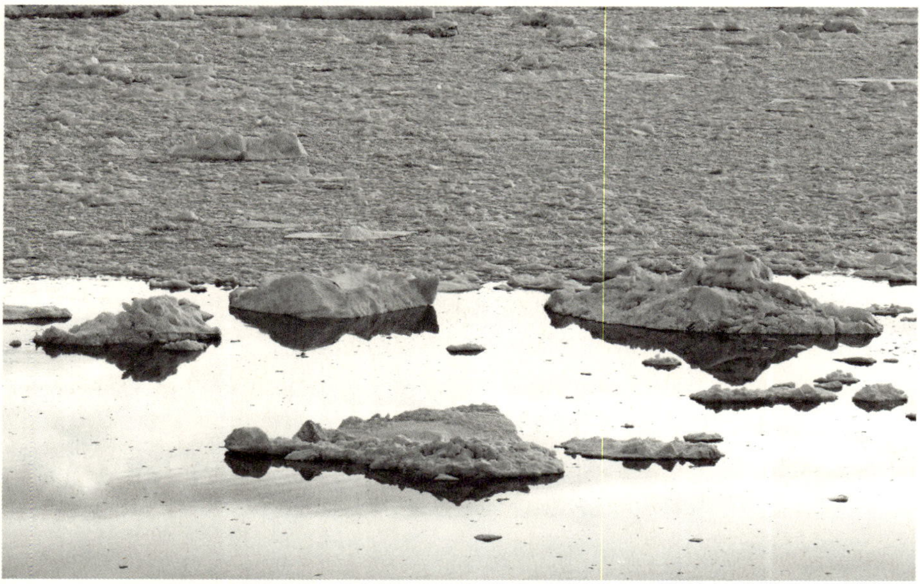

Uno scorcio dalla baia di Disko.

Scorcio di un iceberg nei pressi di Ilulissat.

tra l'altro in continua mutazione a causa del disgelo e del movimento, come ho imparato comoda dalla mia camera d'albergo.

Sull'imbarcazione ci muovevamo tutti in modo frenetico andando su e giù in cerca dello scatto perfetto. Il «click» delle fotocamere è l'unico suono che si ode per ore da queste parti, insieme a qualche esclamazione di stupore. Infine mi placai e mi misi in contemplazione sulla punta della barca, proprio in stile *Titanic*: stranamente nessuno mi disse nulla, forse perché non c'era alcun pericolo. A un certo punto, però, vidi un iceberg in rotta di collisione sempre più vicino, e notai che la nave non accennava a rallentare o virare. Al che mi girai e guardai il capitano, un ragazzo del luogo giovane e ben piazzato. Il suo volto era serioso e concentrato alla guida, quindi per un attimo mi calmai. Dopo un po' alzai di nuovo lo sguardo e mi voltai verso di lui con maggior frequenza per capire se non fosse impazzito. Alla mia ultima occhiata lo vidi sorridere, mi strizzò l'occhio e decelerò bruscamente. Tirai un sospiro di sollievo e ricambiai.

L'iceberg era a una decina di metri. Rallentammo sempre più fino ad appoggiarci sopra di lui dolcemente. Ero emozionata. Avevo davanti la bella e ridotta copia del mio *Titanic*. Stavo toccando un pezzo di calotta vecchia chissà quanti millenni che vagabondava in mezzo alla baia. Ci appoggiai sopra le labbra (ma non la lingua per non rimanerci attaccata). Poi tolsi i guanti, grattai una granella e la misi in bocca. Mi ci appoggiai sopra e scattai qualche doveroso selfie. Avrei avuto una gran voglia di arrampicarmici sopra, ma non volevo abusare della pazienza del pilota che ci aveva già fatto un gran regalo. Nel frattempo, l'acqua cominciò a scurirsi e il cielo aranciato a virare in un rosa pallido con striature di blu pastello. Con molta calma il sole si stava avviando a tramontare e noi a rientrare.

13. La capitale mondiale degli iceberg

Ilulissat

La Groenlandia si è resa indipendente dal governo danese il 21 giugno del 2009 (dopo esserne stata una colonia sin dal XIX secolo). Questo legame, però, è ancora molto forte in taluni campi dell'economia (l'isola riceve massicci sussidi dalla ex madrepatria), della politica e dell'organizzazione territoriale, dove le popolazioni locali furono impiegate, dove possibile, nella struttura sociale nascente.

Ilulissat, terzo insediamento più grande del paese, è definito la «capitale mondiale degli iceberg». Non è però un polo turistico. Almeno non ancora o non fino a quando l'ho visitato io qualche anno fa (ma temo che le cose cambieranno presto). A parte un paio di favolosi alberghi affacciati sulla baia (tra cui quello dove dormivo con i miei compagni di viaggio) e un fornito negozio di abbigliamento *outdoor* (dove mi sono comprata uno strepitoso parka, che serbo come un cimelio) c'è poco altro: qualche negozietto di souvenir dove sono reperibili i contatti per organizzare le escursioni, un paio di baretti spartani per mangiare uno spuntino veloce e altrettanti ristoranti con cucina locale.

In volo verso Ilulissat, la «capitale mondiale degli iceberg».

Orari e prenotazioni sono un tantino casuali. Diciamo che nei confronti della clientela non si può parlare di scortesia ma neanche di accoglienza. Alcuni prodotti che abbiamo visto nei supermercati (sempre gli unici due) hanno dei connotati inquietanti: il più raccapricciante sono spaghetti in salsa di pomodoro (o qualcosa di simile) dentro un tubetto di plastica simile a quello degli integratori che ci portiamo in bicicletta, quelli molli da accartocciare. Molto più interessante, invece, è il mercato del pesce fresco: sentivamo l'odore del pescato dal porto fino al negozio. Piccole balene e foche, pesci di dimensioni medie e merluzzi venivano tagliati a tranci direttamente sulla barca, sotto i nostri occhi. Ci tirammo un po' in disparte dalla clientela che andava accalcandosi sul molo per avere il taglio migliore. Il macello – e la contrattazione – proseguivano in una pescheria in paese, dove la carne veniva trattata su un tavolone di ferro. Il sangue colava dappertutto, e ogni tanto un aiutante del venditore arrivava con una manichetta a dare una sciacquata, senza farsi troppi problemi se per caso inzuppava chi si trovava troppo vicino. Tra i turisti c'era ovviamente chi manifestava noncuranza e chi indignazione per la mattanza a cielo aperto; a me, onestamente, parevano solo pescatori al lavoro simili a quelli che approdano nei nostri porti. Certamente mi dispiace per le povere bestiole uccise, ci mancherebbe; ma qui la pesca è spesso l'unica risorsa a disposizione. Come dovrebbero sopravvivere?

Ho assaggiato la balena in vari modi, alla griglia, tipo bistecca, e in carpaccio: non mi fa impazzire; il sapore è dolciastro, a metà tra carne e pesce. La foca, invece, la mangiai per la prima volta là ed è stata una delle peggiori esperienze culinarie della mia vita. Ci portarono una specie di scodellina con della carne spezzettata all'interno, scura e dalla consistenza viscida. Che dire: è un po' come prendere quell'odoraccio di uovo

Il lento ma inesorabile movimento crepa e spacca le montagne di ghiaccio, fino a ridurle in pezzi sempre più piccoli.

che rimane sulle stoviglie quando le lasci troppo nel lavandino, dargli una qualche forma di spessore e metterselo in bocca. Eppure, gli inuit vivono e sono golosi di questo animale (la carne, la pelle, il grasso, ecc...): magari ho solo avuto sfortuna e ho incontrato il cuoco sbagliato, o il taglio più arduo da apprezzare. Bisogna sempre offrire una seconda chance al mondo.

Mi diede molto fastidio invece il modo in cui da quelle parti trattano i cani husky. Ce ne sono migliaia, almeno uno per abitante (e sono circa 4500). Sono utilissimi alla popolazione locale durante l'inverno, perché servono per la caccia e il trasporto. Tuttavia, durante i mesi estivi vengono letteralmente parcheggiati come oggetti in anguste cucce legati a robuste catene, alcune molto corte. Mangiano e fanno i loro bisogni lì, entro qualche metro. Mi facevano una pena indescrivibile. Addirittura, esplorando a fondo il paese, ci siamo ritrovati in un quartiere, in periferia, adibito a una sorta di canile all'aperto dove venivano tenuti confinati per allontanare il cattivo odore dal centro abitato e, probabilmente, anche gli strazianti latrati. Non so se fosse un caso specifico che non faceva media, ma per me era una sensazione angosciante. Per quello che ho potuto vedere, mi sembra che la popolazione locale abbia una sensibilità per i cani molto distante da quella cui siamo abituati: invece di vivere con loro considerandoli veri e propri membri del nucleo familiare, e quindi soggetti da accudire con cura e riguardo, la mia impressione era che li trattassero da «mezzi» naturali per le loro attività, entità separate dalla loro vita: mai una coccola, mai un gioco, mai un gesto d'affetto.

Nell'ultimo giorno di permanenza Ilulissat si trasformò in una cappa grigia e ventosa.

La Groenlandia ci fece assaggiare il suo volto violento, invernale. Ci rintanammo da un mondo improvvisamente diventato bianco e nero nel nostro albergo, consolandoci coi suoi lussi, a cominciare dal ricco e variegato buffet. Anche gli iceberg erano spariti dal panorama. Era davvero come fosse calato il nulla ad avvolgerci.

L'entusiasmo via via si spense e al suo posto crebbe una certa apprensione: le previsioni indicavano che su di noi si stava scatenando una bufera che ci avrebbe isolato per giorni dal mondo esterno. Tutti i voli vennero di lì a poco cancellati, e dalla compagnia aerea sarebbero giunti aggiornamenti solo molto vaghi. Ci perdemmo così i giorni programmati a Nuuk, la capitale della Groenlandia, di cui riuscimmo a visitare solo il centro.

14. L'Ultima Thule

Qaanaaq

Per fortuna non dovemmo rinunciare invece alla tappa più importante: Qaanaaq, il paese di Gellir.

Lo raggiungemmo dopo circa tre ore di volo e un migliaio di chilometri, questa volta a bordo del Dash-7. Sebbene dal cielo, stavamo in qualche modo ripercorrendo un po' la rotta dell'esploratore ed etnologo danese Knud Rasmussen quando, tra il 1921 e il 1924, si immerse nella scoperta del Grande Nord in compagnia dei suoi cani. Dopo una piccola tappa a Upernavik – atterrando sulla sua originale pista costruita su un'altura – per raccogliere pochi passeggeri e circa mezz'ora di traversata, avvistammo la penisola di Nuussuaq, dove le lingue bianche lasciano il posto a un reticolato di isolotti sgombri dal ghiaccio. Poco più su, invece, la calotta incombe verso la costa fino a compiere un'ansa a ginocchio, dove si annida la baia di Melville. La tagliammo proprio in quel punto, trovandoci di nuovo persi nel bianco, ma quella volta con un aereo più piccolo e a quota molto più bassa: con proporzioni più vicine a quelle reali la sua vastità è ancora più impressionante e avvolgente. La nostra meta era poco oltre, arroccata sul fianco della foce del fiordo svasato di Inglefield, dove confluiscono da tutte le direzioni diversi ghiacciai.

Mentre ci avvicinavamo al punto di atterraggio, sulla destra, grazie alla segnalazione del pilota, intravedemmo appena un paio delle vecchie case che formano l'insediamento di Qeqertat, che si trova su un'isola lunga e stretta nella parte iniziale del fiordo, letteralmente accerchiata da fiumi di ghiaccio. Uno, in particolare (l'Heilprin) gli scarica praticamente addosso valanghe di blocchi della calotta nordoccidentale. Un po' più a nord, invece, si trova il piccolo villaggio di Siorapaluk, un insieme di una ventina di case costruite a ridosso di un'ampia spiaggia di sabbia chiara al termine di un promontorio avvolto da due fiordi: ha 68 abitanti ma d'estate ospita milioni di uccelli migratori, e si affaccia a sud sullo stretto di Nares dove il Canada è a un tiro di schioppo. Soprattutto, gode del primato di essere il centro abitato più a nord del paese e, a 1400 chilometri dal Polo Nord, il terzo più a nord del mondo dopo Longyearbyen e Ny-Ålesund nelle Svalbard.

Solo l'idea che qualcuno potesse pensare di vivere lì mi pareva inverosimile. Al limite sopravvivere per qualche tempo... ma vivere è un'altra cosa. Eppure, i fatti sono lì a testimoniarlo. Eppure la scienza mi ha insegnato che dove emerge «l'assurdo» c'è solamente una mancata comprensione; un porsi, spesso, la domanda sbagliata, alla quale non può che seguire una risposta inadeguata. Il mondo è come lo si guarda, come ci arriva. Dalle sbarre protettive e talvolta soffocanti della nostra società moderna, sulle ali di un ideale nobile e stoico, questi individui che vivono al confine del mondo, in balia del freddo e di una natura ostile, ci possono apparire dei supereroi, degli uomini fuori dal tempo, e forse è proprio così. Ma potrebbero, molto più semplicemente, essere persone che riescono a stare «bene» laggiù perché ci sono nate e di lì non si sono mai mosse, non conoscendo e desiderando altro.

Il tonfo del carrello che scendeva mi distolse dal turbinio di pensieri. Riportai il fuoco sulla nostra meta, distante, ormai, solo qualche centinaio di metri. Qaanaaq, dall'alto, si presenta come un reticolato di case allineate in file oblique che corrono lungo il pendio del fiordo, e digradano a mare sfumando in una piccola spiaggia oberata di container, taniche e fusti di combustibile, cataste di legno, sacchi di materiali vari e quant'altro possa capitare. Un cantiere, insomma.

L'aeroporto, Uummannaq, ha una piccola pista in terra battuta, ma che non impensierisce il nostro potente e versatile quadrimotore turboelica strutturato proprio per terreni impervi e spazi minimali. Il terminal è poco più che una casetta in legno blu dal tetto bianco, sormontata da una torre che pare più una protuberanza del tetto. Semplice ma accogliente.

Quella volta eravamo ancora più nel nulla delle altre volte in cui avevamo avuto quella sensazione. Era proprio come essere nel punto in cui il mondo finisce. Non è un caso che in molti abbiano individuato in questo il luogo della Ultima Thule, menzionata dall'esploratore greco Pitea di Marsiglia. Intorno al 325 a.C. Pitea riferì di aver scoperto un'isola situata a sei giorni di navigazione a nord dell'Inghilterra, dal nome Thule, una terra su cui il sole non sarebbe mai tramontato. Non si è mai saputo a quale terra Pitea si riferisse (altri la individuano nell'Islanda), né se parlasse di una terra realmente esistente, ma il nome divenne sinonimo per secoli del posto più settentrionale conosciuto. Nel tempo, le scoperte geografiche spostarono quel luogo sempre più a nord fino a designarne la parte estrema, fino appunto a definirla «ultima», associata giocoforza a terre gelide e desolate. Come ci accennava Gellir, quando arrivarono gli inuit ad abitarla chiamarono questo territorio Avanersuaq («Grande Nord»), un'area che oggi corrisponde al distretto nordoccidentale della Groenlandia di cui Qaanaaq è il capoluogo e che comprende i minuscoli Siorapaluk e Qeqertat.

Ma non è finita qua. L'incredibile storia di questa zona ha una coda ulteriore, più recente: nel 1951, all'epoca della Guerra fredda, gli Stati Uniti, allettati dalla posizione geografica della Groenlandia per tenere sotto controllo i russi, non solo si stabilirono a Kangerlussuaq, ma risistemarono anche quella che era una stazione meteorologica in una grande base aerea presso Pituffik, un villaggio 200 chilometri più a sud. E così gli inuit che si trovavano lì da secoli furono costretti a trasferirsi a Nord, fondando Qaanaaq: una scelta che ancor oggi costa agli americani circa trecento milioni di dollari l'anno per il disturbo (cioè di affitto).

Il fascino di questo luogo, e ancor più dei due sperduti paesini che mi stringevano il cuore dall'alto, è racchiuso in quell'«esotico artico» pregno di contraddizioni ed estremi. Sono luoghi spogli, freddi, minimali. Le poche abitazioni e infrastrutture (come l'intrico di tubazioni sopraelevate) d'estate emergono in maniera caotica dalle stradine polverose unitamente a qualche auto, merci e attrezzi vari ed eventuali, ma d'inverno assumono le sembianze di strane gibbosità che spuntano fuori da una coltre bianca, avvolta nel buio profondo dal 24 ottobre al 17 febbraio. Il rumore del vento la fa da padrone, sempre, talvolta sovrapposto ai latrati dei cani. D'estate, non di rado, porta zaffate dei loro rifiuti organici insieme al tanfo rancido del pesce marcito sulla battigia o della carne andata a male nelle dispense delle case: d'inverno quest'ultime sono comodi frigoriferi naturali ma d'estate s'imputridiscono, con buona pace dei poveri husky che spesso se la fanno ancora andar bene come pasto.

Al di là dei pochissimi turisti, in giro non c'era un'anima.

Chi esce lo fa per fare dei lavori, sbrigare qualche commissione o andare a far la spesa nell'unico supermarket (ben fornito soprattutto a ridosso dell'arrivo delle navi). La gamma dei prodotti che offre cambia durante i dodici mesi per andare incontro alle esigenze delle famiglie, ma gli approvvigionamenti arrivano solo due o tre volte all'anno. Le abitazioni sono tutte in legno con pianta rettangolare e tetto a spiovente. Decisamente esili per il clima che devono affrontare, ma nell'interno è arrivato qualche confort moderno.

Mentre ci dirigevamo verso la spiaggia i contrasti visivi continuarono: siamo abituati a vedere i bambini giocare coi secchielli o sguazzare nel bagnasciuga con qualche materassino gonfiabile di varia forma, mentre qui i figli degli autoctoni si sfidavano a duello usando come spada lunghi denti di narvali nascondendosi dietro piccoli iceberg portati a riva dalla marea. Una scena a dir poco surreale.

Da queste parti la sera cala in modo impercettibile, perché a tali latitudini scende lentissima; come ogni cambio di stagione, del resto. Con queste atmosfere il tempo e il modo per riflettere non mancano. E se certo la letteratura locale non si è imposta sul palcoscenico del mondo, è anche vero che la cultura degli inuit non è per questo meno ricca, ma forse solo più essenziale, pragmatica. Per quello che ho visto, nelle comunità ognuno si adopera utilizzando i propri talenti, con grande serenità. In principio la loro struttura sociale si basava sui clan, famiglie allargate che convivevano in un regime di non competizione a pochi chilometri le une dalle altre per evitare che una concentrazione eccessiva di persone facesse scappare le prede. La condivisione è rimasta un elemento centrale del loro modo di vivere, testimoniato anche dall'assenza del concetto di «futuro» nella loro lingua, di accumulo in funzione di qualcosa che non sia il presente.

In inverno vivevano in buche scavate su più livelli: nella zona più in superficie dormivano, mentre sotto, dove era più freddo, tenevano i cani, conservavano cibo e rifiuti, dato che, per via delle temperature rigide, non deperivano fino all'arrivo dell'estate. Ogni famiglia aveva un piccolo spazio di un metro e mezzo per un metro e mezzo in cui ci stavano cinque o sei persone. A separare i vari nuclei, c'era solo una tenda in pelle di foca. Niente mobilio. Sedie, letti, stoviglie. Tutti stretti lì, a condividere odori corporali, emozioni e intimità. Quando il tempo migliorava e arrivava la bella stagione queste «abitazioni» venivano abbandonate e si trasferivano in superficie in tende dove potevano godere di luce, calore e cacciare gli animali con più facilità. Le foche sono da sempre il fondamento della loro sopravvivenza (in barba al mio disgusto per il sapore): con la pelle confezionano i vestiti, usando come aghi schegge d'osso dove il filo viene ricavato dai tendini tagliati molto fini; gli indumenti vengono poi impermeabilizzati col grasso che è usato anche per alimentare il fuoco.

Per queste loro condizioni di vita non sorprende che i popoli che si avvicendarono nelle loro terre li considerassero rozzi, ignoranti e tribali. I normanni li avevano odiati per la loro capacità di sopravvivere laddove essi non erano riusciti, mentre i missionari li avevano obbligati a convertirsi, indignati dalle loro credenze animiste. L'uomo bianco, in generale, fu per loro tutt'altro che amico: una figura con una filosofia e uno stile di vita incomprensibile interessata solo a imporre il proprio credo e sfruttare il loro territorio.

Nonostante tutto, però, sono rimasti un popolo mite. La loro origine pare in realtà risieda completamente altrove, in Mongolia, terra da cui sembrerebbe che alcuni clan del Nord in disputa con quelli del Sud si siano allontanati. Lontani dai boschi e dai pascoli, e quindi in assenza di cibo, riuscirono in qualche modo a sopravvivere con le minime risorse che la natura offriva loro, e da allevatori diventarono cacciatori in ambienti estremi. Una volta passato lo stretto di Bering si dispersero per non contendersi le già scarse risorse. E così alcuni andarono verso sud ad abitare i territori del Nordamerica, mentre altri divennero gli inuit del Nord Europa e della Groenlandia.

La mattina dopo una velatura di nubi prese a tingere il color zaffiro del cielo di un rosa intenso. Le ore che trascorrevano là erano come i vetri di un caleidoscopio, e offrivano una visione diversa del luogo a ogni sguardo. La bellezza, come la sofferenza, distoglie la mente dalla riflessione. È come se dopo tanta fatica, tanta elucubrazione, il sublime, manifestandosi, rivelasse ogni verità. Solo per qualche istante, però, perché questa sensazione svanisce al primo momento di lucidità, lasciando il gradevole sapore di averla brevemente sfiorata. Sentivo che presto tutto si sarebbe di nuovo spento, lasciando il posto a una densa oscurità. Ma poi ci sarebbero comunque state le aurore, con la loro sinfonia cromatica a illuminare la notte. Alla fine, anche nel buio più oscuro la luce non ci abbandona mai.

PARTE QUARTA

Cronache del ghiaccio e del fuoco

Islanda

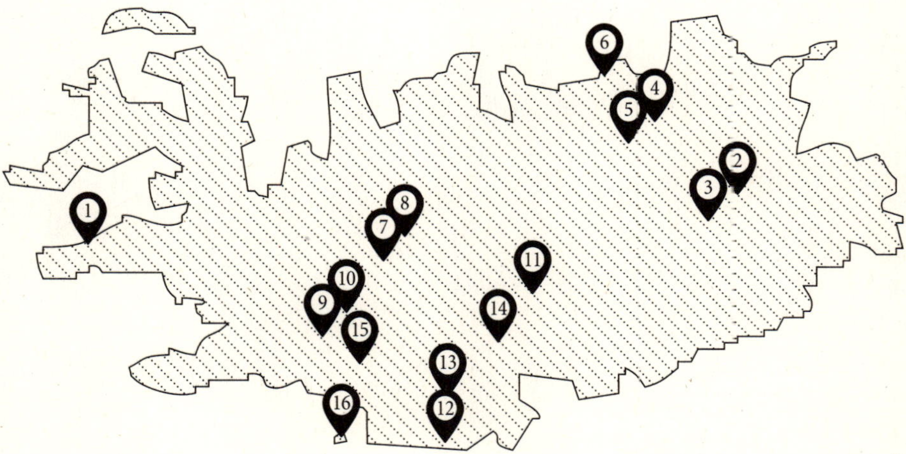

① *Penisola di Reykjanes*

② *Herðubreið*

③ *Askja*

④ *Krafla*

⑤ *Dimmuborgir*

⑥ *Húsavík*

⑦ *Kjölur*

⑧ *Hveravellir*

⑨ *Geyser*

⑩ *Gullfoss*

⑪ *Jökuldalur*

⑫ *Dyrhólaey*

⑬ *Mýrdalsjökull*

⑭ *Lakagigar*

⑮ *Hekla*

⑯ *Vestmannaeyjar*

15. Nel cuore dell'isola

penisola di Reykjanes - Herðubreið - Askja

Dal cielo l'Atlantico appare come una tavola grigio-blu, solida e immota. Nulla di più illusorio. Là sotto si dimenano le grandi correnti che distribuiscono il calore planetario: l'acqua salata calda delle zone equatoriali e tropicali risale verso nord fino all'altezza della Groenlandia riscaldando l'Europa occidentale, per poi raffreddarsi, affondare e tornare da dove è venuta. Così facendo alimenta perturbazioni anche molto violente che agitano la superficie oceanica. Tante volte l'ho vista schiaffeggiare con veemenza le coste che bagna, con la complicità di piogge torrenziali e venti gelidi: ho per esempio il ricordo di potenti mareggiate alle isole Aran, in Bretagna e sulle terre islandesi, ma anche dei disagi meteo che afflissero la nostra osservazione di un'eclisse totale di Sole alle isole Fær Øer, nel 2015.

Non so dire quante volte ho sorvolato questa distesa in largo e in lungo. Nel suo punto più ampio, tra gli Stati Uniti e l'Africa settentrionale, si apre per poco meno di 5000 chilometri. La Liberia e il Brasile, invece, sono separate da neanche 3000 metri d'acqua. Da una parte o dall'altra, in ogni caso, con un semplice volo di linea in poche ore si oltrepassa ciò che la natura ha creato in circa 200 milioni di anni. Prima di allora, infatti, le terre erano unite nel supercontinente della Pangea, poi andato in mille pezzi. L'apertura di questo oceano, avvenuta in più fasi, è proprio ciò che ha dato il via a tale smembramento, tuttora in corso. Se potessimo svuotare dalle acque il pianeta, vedremmo un fondale martoriato da incessanti tumulti geologici che si concentrano intorno alla lunga e sinuosa spina dorsale che attraversa il bacino correndo per circa 15 000 chilometri, dal Mar Glaciale Artico fino all'estremità meridionale dell'Africa. È la dorsale medio atlantica, una catena montuosa alta 2000-3000 metri che borda la lacerazione lungo la quale, sin dai tempi del Mesozoico, continua a sgorgare il magma incandescente. La roccia fusa, migrando lateralmente, trascina le placche nel moto di deriva, per poi raffreddarsi e generare nuova crosta oceanica, separando sempre più le Americhe dall'Europa e dall'Africa al ritmo di qualche centimetro l'anno. È la dura legge della tettonica delle placche: le terre si spaccano e, allontanandosi sprofondano, e ricevono le acque che daranno luce agli oceani, pavimentati di crosta fresca che si forma lungo la frattura. Quella vecchia, invece, s'immola inabissandosi nelle fosse tettoniche al margine dei continenti divisi, causando un'intensa attività sismica e vulcanica. È così che il pianeta cambia pelle e si rinnova.

Questo turbolento tapis roulant sferraglia a circa 3000-4000 metri di profondità, ben lontano dai nostri occhi. Eppure, il regno austero che dischiude è prolifico, un universo a sé dove al freddo e al buio prosperano forme di vita che si nutrono dei miasmi che accompagnano l'attività vulcanica. Sono batteri antichissimi, minuscoli organismi unicellulari che riescono a trasformare tali veleni in sostanze nutritive, sfamando una variegata popolazione di flora e fauna che ne sta abbarbicata su raggruppamenti di cattedrali d'incrostazioni minerali fatte di guglie fumanti chiamate *black smokers*. Alcuni dei loro nomi sono evocativi, come *Lost City*. Svariati studiosi di esobiologia, la disciplina che si occupa di ricercare le origini della vita sul nostro pianeta e al di fuori di esso, pensano che il suo «miracolo» possa esser sbocciato proprio quaggiù, da questi piccolissimi intrepidi degli ambienti estremi. «Alieni» a tutti gli effetti, insomma, e dietro l'angolo.

Allontanandosi dalla dorsale e scivolando ancora più giù verso qualche abisso, il reame diventa fatato. L'evoluzione si è inventata creature con corpi trasparenti, spesso variopinti e fluorescenti, che pulsano e danzano con leggiadria. Ma anche mostruosità che, quando incrociate in superficie per circostanze casuali, nel corso della storia hanno dato luce a miti e leggende.

Ecco cosa nasconde quella vastità azzurra che da quassù appare piatta e docilmente ricamata dalla striatura bianca di qualche frangente. Andar là sotto è il sogno di ogni geologo, ma accedervi è a dir poco proibitivo se non per gli efficienti robot che non temono alcuna condizione avversa.

Madre Natura, però, ha voluto essere generosa e alzar leggermente il velo. E così, poco sotto al circolo polare artico il generoso contributo di un «punto caldo» ha permesso alla dorsale medio atlantica di emergere in superficie e mostrarsi a cielo aperto: l'Islanda, una terra in cui le fiamme degli inferi emergono e affrontano il gelo del Grande Nord in una guerra senza sosta, che ha ispirato fior di artisti, studiosi ed esploratori. Una terra che tanto somiglia a un organismo vivente che vede la sua pelle rocciosa dilaniata da lunghe e profonde ferite sanguinanti di lava bollente, poi ricucita da coaguli di cenere scura. Una terra che muore e risorge di continuo, mostrando il volto effimero ma anche imperituro dei processi vitali. Una terra che è lo specchio dell'esistenza: in movimento. In perenne cambiamento.

Ho visitato l'Islanda in svariate occasioni e non ho esitazioni nel definirla uno dei luoghi più suggestivi del mondo. Durante una delle ultime memorabili visite Reykjavík accolse me e i miei compagni di viaggio incoronata da un bagliore aranciato soffuso. Non ci sono foreste da dare in pasto alle fiamme, laggiù, dunque quando «rosseggia» a dimenarsi non possono che essere le vampe di Madre Terra.

In quelle settimane a dare spettacolo era il vulcano Fagradalsfjall, situato nella penisola di Reykjanes, a una quarantina di chilometri dalla capitale. Dopo aver dormito per circa ottocento anni, aveva annunciato il suo risveglio facendo tremar la terra per settimane, per poi irrompere attraverso una fessura lunga centinaia di metri dalla quale ha cominciato a zampillare la lava. In realtà tale frattura è solo un tratto di un complesso sistema che corre da sudovest a nordest, corrispondente al movimento di apertura e allontanamento della placca nordatlantica e di quella euroasiatica.

In alcuni luoghi dell'isola questo confine dà vita a una specie di coreografia. Dal 2002, nella punta sudoccidentale della penisola di Reykjanes, è stato «appoggiato» un ponte in ferro e legno tra i lembi dei due mondi, che lì si allontanano al ritmo di circa 2 centimetri l'anno. Ovviamente è preso d'assalto dai turisti che si dilettano nel farsi riprendere nella brevissima passeggiata intercontinentale di soli 18 metri. Più coinvolgente, sebbene per pochi intrepidi, è lo scatto sotto le acque gelide di Þingvellir, uno dei siti più gettonati proprio per la serie di evidenti spaccature nella roccia sufficientemente ampie da essere in alcuni tratti carreggiabili. Qui i subacquei si divertono a fluttuare nel gelido blu in mezzo all'angusta feritoia tra i due continenti, toccandoli con ciascuna mano.

Il cuore dell'Islanda ha cominciato a battere una ventina di milioni di anni fa (un istante, in termini geologici), quando è emersa dalle acque. Da allora, il ghiaccio non le ha dato tregua, pilotando l'attività vulcanica che, nel frattempo, continuava a costruirla. Sotto la cappa di ghiaccio le eruzioni si trovarono costrette, e diedero alla luce i caratteristici *moberg*: montagne tabulari con la cima pianeggiante e i fianchi ripidi (che si chiamano *tuya* se sono di forma allungata lungo un qualche sistema di faglie). Hanno una struttura interna tipo sandwich che rispecchia la dinamica eruttiva tipica degli ambienti marini, poiché l'intercapedine tra il magma rovente e il ghiaccio non può che essere l'acqua. Quindi, partendo dal basso, prima s'incontrano le strutture a *pillow* (a cuscino), legate alla fuoriuscita della roccia fusa in ambiente acquoso in pressione. Quindi, salendo, si trova la breccia vulcanica dovuta all'interazione esplosiva, in varie proporzioni, tra acqua di varia provenienza e magma. Infine, una volta guadagnato l'ambiente asciutto si depositano gli strati laminari di lava basaltica.

Il vulcano islandese più rappresentativo di questa tipologia è l'Herðubreið, una sorta di panettone spolverato di zucchero a velo sormontato da una prominenza che ricorda quella del «ricciolo» di farcitura che rimane dopo averla spremuta con la sac-à-poche, la tasca da pasticcere. Si è spento circa 10 000 anni fa, ma non prima di essersi innalzato per 1682 metri nell'entroterra di nordovest, svettando nell'immenso campo lavico di Ódáðahraun, una distesa di oltre 5000 chilometri quadrati conosciuta anche come Deserto dei Misfatti perché un tempo dava rifugio ai fuorilegge esiliati.

La prima volta che ho esplorato quest'angolo d'isola ne sono rimasta stregata. Ero ancora abbastanza avventata da esser preda di adrenalina, istinto e ardore (per non dire imprudenza). Così mi sono avventurata con un paio di amiche lungo il percorso più ostico che lo attraversa a bordo di un fuoristrada non ade-

L'Herðubreið, un vulcano ormai inattivo, tra i simboli dell'Islanda.

guato. Per lo stradario islandese i percorsi contrassegnati da un numero preceduto da F sono considerati «piste», che significa che sono percorribili esclusivamente da macchine a trazione integrale o da jeep. Quando, da nord, si abbandona la statale 1 (conosciuta anche come Ring Road perché circoscrive grossolanamente l'isola per 1322 chilometri permettendo l'accesso alle attrazioni principali), per avventurarsi verso la F88, si

entra in un universo a sé; una bolla ferma a un tempo in cui l'umanità non abitava ancora il pianeta e forse non era neanche prevista. Il paesaggio è tutt'altro che monotono, e alterna scorci di diversi colori e fogge. Coni e crateri più o meno logori e deformi dalle tonalità variegate si alternano a spianate di ciottoli vulcanici porosi e spigolosi, attraversate da vecchie colate laviche scure consunte dal gelo e levigate dal vento.

Mi fermai qui per una sosta coi miei compagni di viaggio e ci sedemmo in circolo in mezzo a una di queste distese. Raccolsi una manciata di pietre e illustrai la loro storia: perché hanno quel colore, quella forma e consistenza. La maggior parte sono leggerissime perché scorie e lapilli, cioè lascito di un'attività esplosiva più o meno intensa che produce rocce estremamente vescicolate. È questo che mi ha sempre attratto della geologia: prendere in mano un anonimo «sasso» e potervi leggere un pezzo di storia del pianeta andando a ritroso nel tempo. Poter chiudere gli occhi ed essere lì, magari rivivendo quel lontano passato con un pizzico di immaginazione.

Ripartimmo quindi per immergerci nel paesaggio circostante. La luce ci era complice: pennellava ogni elemento di sfumature colorate che viravano dal grigio antracite al marrone ruggine fino al rosso mattone, il tutto a tratti screziato dal bianco del ghiaccio. Uno scenario che ricorda quello della nostra Luna, e non è un caso che gli astronauti dell'*Apollo 11* vennero qui per il campo scuola prima dello storico sbarco del 1969. Anche gli artisti moderni si sono fatti sedurre da questa scenografia naturale: il regista Joseph Kosinski, nel 2013, girò il suo *Oblivion* qui, intorno alle falde del cratere Hrossaborg.

L'insidia principale di questo percorso non è tanto il suolo dissestato, né più né meno del resto delle strade dell'entroterra, tanto più nel periodo estivo dove è completamente privo di neve. Il rischio maggiore è invece rappresentato dal dover guadare fiumi che hanno una portata sempre consistente, agitata da forti correnti. Si tratta principalmente del Grafarlandsá e del Lindá; nelle loro acque non di rado si recuperano piccole auto che non sono riuscite a superarli. Ricordo come fosse ieri un giorno in cui arrivai con un gruppo sulle sponde del Grafarlandsá dove era ferma una macchina con una coppia di francesi che se ne stavano lì a meditare sul da farsi, o magari ad attendere qualcuno che passasse per vedere che fine avrebbe fatto. Non c'era molto da fare: o si provava a passare o si tornava indietro; così, animati anche da un briciolo di spirito competitivo patriottico contro gli eterni rivali, abbiamo preso una bella rincorsa e ci siamo tuffati nel letto del fiume a bordo di una vecchia Kia Sorento che ha dato il suo meglio traghettandoci di là senza fare una piega. Dallo specchietto retrovisore mi sono goduta la scena dei nostri pavidi «amici» che, subito dopo, ci hanno seguito a ruota.

La F88 è dominata dall'Herðubreið. La sua bellezza gli ha fatto guadagnare l'appellativo di «regina» delle montagne islandesi. Se il cielo è limpido e la visuale è buona, la si vede costantemente e da varie prospettive. La sua silhouette è magnetica, non si riesce a smettere di fotografarla perché ogni inquadratura sembra essere migliore della precedente. Quando si raggiunge il punto di maggior avvicinamento, il desiderio di scalarla e possederla diventa cocente: la sua cima offre un panorama strepitoso, contrassegnato da un piccolo cono che s'innalza dalla sommità spianata. L'impresa è fattibile ma tutt'altro che semplice, a causa dei mille metri di dislivello necessari per raggiungerla, su di un terreno ripido, sassoso e sdrucciolevole, ancora più ostico in condizioni meteo spesso avverse. Finora non ci sono state le circostanze per farlo, ma io e lei sappiamo di avere questo conto ancora aperto che sicuramente prima o poi chiuderemo.

Decisamente più accessibile è l'Askja, un altro fiore all'occhiello dell'outback islandese, una trentina di chilometri più a sudovest. Anche questo vulcano ha avuto un bel da fare coi ghiacci sovrastanti: se li è scrollati di dosso in modo definitivo circa 10 000 anni or sono, con una violenta eruzione esplosiva pliniana (del tipo di quelle che vide e raccontò Plinio il Giova-

La caldera dell'Askja.

ne a Napoli nel 79 d.C.) che ha causato un collasso del serbatoio magmatico, con la formazione di una caldera estesa per 45 chilometri quadrati. I suoi 8 chilometri di diametro oggi sono appena distinguibili. Successivamente, dalle sue fratture si sono liberate altre eruzioni, l'ultima delle quali nel marzo del 1875 (una delle più violente in tempi storici) che ha generato un'altra caldera ampia circa 4 chilometri ed estesa per 11 chilometri quadrati. Oggi è riempita dalle acque blu cobalto del lago Öskjuvatn, che coi suoi 217 metri di profondità è il secondo più profondo del paese dopo la fiabesca laguna di Jökulsárlón. Sempre in quell'occasione, fu scavato il piccolo cratere Viti (che significa «inferno»), un *maar* profondo una sessantina di metri. I maar sono crateri caratterizzati da un basso rapporto tra altezza e larghezza, generalmente formati in seguito a un'unica eruzione freatomagmatica – cioè frutto dell'interazione esplosiva tra magma e acqua di falda.

A questo ben di dio geologico si accede tramite una camminata di poco meno di un'ora immersa in un paesaggio dalle infinte sfumature di rosso e marrone, dopo aver lasciato l'auto al parcheggio di Vikraborgir al termine dell'accidentata strada F894. Alto poco più di 1500 metri, il bordo della caldera di Öskjuvatn è una delle visioni più attraenti d'Islanda: se il meteo è propizio, le sue acque cristalline riflettono fedelmente le montagne Dyngjufjöll. È impressionante immaginare che quell'immagine di pacata e delicata bellezza ondeggi sopra la voragine scavata da un'apocalisse di fuoco. È anche possibile immergersi nel tepore delle acque sulfuree del Viti, oggi intorno alla trentina di gradi di temperatura a seconda dei periodi dell'anno. Il colore verdazzurro lattiginoso incastonato nella forma circolare delle pareti strapiombanti ocra intenso spicca come una gemma in un gioiello d'oro. Quando si sta a mollo circondati dalle fumarole che incrostano di giallo il suo perimetro, però, si realizza quanto le cicatrici e i tumulti della Terra siano il suo principale fascino, ma anche il monito sempre vigile di uno strapotere a noi letale. Ne sa qualcosa un gruppo di studenti americani che nel luglio del 2014 scampò, di poche ore, al crollo di una porzione del bordo calderico dell'Öskjuvatn. Nelle sue acque finirono dai 24 ai 60 milioni di metri cubi di roccia, causando un'onda di tsunami alta 60-80 metri. Qualcosa di simile potrebbe essere successo nel lontano luglio del 1907, causando la misteriosa sparizione di due esploratori tedeschi.

Avvenne a ridosso dell'ultima eruzione, che era durata poco più di un mese: le descrizioni dell'epoca ci dicono che dai fianchi della caldera zampillarono fontane di lava alte fino a 500 metri, accompagnate da un'enorme fuoriuscita di ceneri e pomici soffiata verso i fiordi orientali, che causò l'avvelenamento delle terre coltivate e di buona parte del bestiame, obbligando molte famiglie all'esodo. Ciò non passò inosservato nella vicina Europa continentale, dove si accese la curiosità di qualche intrepido geologo deciso ad avventurarsi verso quelle lande ostili e desolate per andare a vedere coi propri occhi cosa fosse successo. Al tempo, la zona dell'eruzione era una delle più inaccessibili del paese, ma non spaventò la spedizione capitanata dal geologo Walther von Knebel, che i primi di luglio approdò a destinazione. Insieme al pittore Max Rudloff, a caccia d'ispirazione per le sue opere, si avventurò per le gelide acque del lago calderico su una modesta barchetta da loro stessi assemblata. Da quell'escursione non fecero mai ritorno. Al campo, il giovane collega Hans Spethmann li cercò per due settimane, ma alla fine si vide costretto a far ritorno ad Akureyri, la città principale della costa settentrionale, per dare l'allarme e far partire i soccorsi. Trovarono solo un misero remo, il lascito di una disgrazia che solo il vulcano conosce e che custodirà per sempre.

Il seguito ha dello struggente: la promessa sposa di Knebel, Ina von Grumbkow, una prussiana coraggiosa e tutta d'un pezzo, mai rassegnata all'improvvisa e misteriosa perdita dell'amato, decise di partire alla sua ricerca. Non si sa cosa pensasse di trovare a distanza di un anno. Probabilmente voleva solo andare a dargli l'addio nel luogo che glielo aveva strappato via. Dopo una settimana si arrese all'evidenza muta del destino, lasciando un tumulo e una lapide commemorativa.

È tutto ancora lì; chi vuole può diventare parte di questa commovente storia impilando una piccola roccia e scrivendo il proprio nome in un registro conservato in una cassetta metallica alla base del cumulo.

16. Crateri, distese fumanti e Babbi Natale

Krafla - Dimmuborgir

In Islanda non esiste una zona immune dal tormento geologico. Si passa dal dominio di un vulcano a quello di un altro. Un centinaio di chilometri a nord dell'Askja si entra nelle terre del Krafla. Centomila anni or sono esibiva un bell'edificio di una ventina di chilometri di diametro. Poi anch'esso fu sventrato da una violenta pliniana, lasciandosi dietro una caldera circolare ampia una decina di chilometri tagliata da un sistema di fratture lungo poco meno di un centinaio. Una ferita che non si è più rimarginata e che nei millenni ha prodotto decine di eruzioni.

Una delle più intense avvenne circa 2300 anni fa, travolgendo il vicino lago Mývatn (il quarto d'Islanda per dimensioni: 9,5 chilometri per 6,5) e lasciandolo profondo poco più di una pozzanghera. Il contatto tra la lava bollente e le sue acque generò forti esplosioni di vapore costellandolo di monticelli di forma ellittica con l'interno concavo. Sono stati chiamati «pseudocrateri» proprio per evidenziare che non si tratta di bocche vulcaniche bensì di accumuli di roccia frammentata dalla feroce interazione termica tra i due elementi. Sono concentrati sulla sponda meridionale, dalla quale appaiono come collinette marroncine più o meno ricoperte di erba di color verde intenso. Le sfumature cangianti emanate dai lunghissimi crepuscoli, complice anche l'atmosfera soffusa creata da nebbie di varia natura, li rendono entità stranianti, quasi abusive. Come fossero oggetti lasciati lì da chissà chi in attesa di essere prelevati. Qualsiasi cosa evochino è indubbio che trasudino bellezza, tanto da esser eletti monumento nazionale.

Dall'alto, invece, la superficie del lago riacquista sobrietà e appare nella sua cruda natura vulcanica butterata, quasi fosse stata crivellata dallo sgancio di bombe. L'inondazione di roccia fusa stravolse la fisionomia del bacino ma riempì le acque di elementi nutritivi fondamentali (come fosforo e azoto) che permisero la sopravvivenza di specie animali e vegetali che vivono solo qui. Per esempio, le «marimo», palle di alghe verdi e vellutate dai 10 ai 40 centimetri di diametro formate dall'addensamento e compattazione di cloroplasti. Si sviluppano all'interno di cavità rocciose e dopo aver raggiunto una certa dimensione se ne distaccano e cominciano a vagare fino ad assestarsi in qualche punto del fondale dove si ammassano a centinaia di migliaia. Il leggero moto ondoso è fondamentale alla loro sopravvivenza in quando permette di esporne alla luce tutta la superficie. La loro presenza è un privilegio: l'unico altro luogo in cui vivono è il lago Akan, in Giappone.

Poi ci sono tanti, comunissimi e fastidiosi moscerini, dal cui nome in islandese deriva quello del lago (Mývatn).

Ancora sulla sponda orientale del lago, un migliaio di anni dopo, un forte evento esplosivo scolpì un altro monumento geologico; una sorta di anfiteatro coi fianchi incisi dal ruscellamento delle acque che col favore delle luci si colora di un delizioso marroneocra. È il cratere di Hverfjall, in gergo vulcanologico descritto come un anello di tufo (*tuff ring*), una tipica geometria svasata causata dalla misura del diametro superiore a quella dell'altezza, che si forma a seguito dell'alto grado di frammentazione del magma a contatto con l'acqua (in questo caso del lago). Alto 396 metri, profondo 140 e largo un chilometro, è una delle mete escursionistiche più semplici e appaganti del luogo, poiché in soli venti minuti si arriva sul bordo sommitale (che peraltro è possibile circoscrivere) dove si gode di un panorama mozzafiato. Più o meno coevo, venne estruso il campo lavico di Dimmuborgir, che il tempo e l'erosione hanno trasformato in una sorta di città barocca fatta di torrioni, grotte, archi e tanto altro, con formazioni che raggiungono i 20 metri di altezza creando architetture quasi futuristiche. Tra le costruzioni più famose spicca la chiesa di Kirkjan, coi portali d'ingresso di forma triangolare e, all'interno, antri che assomigliano proprio a cappelle con altari.

Desolate, isolate e con la complicità di una atmosfera in prevalenza fredda e oscura, queste terre sono diventate regno di scorribande di elfi e troll. Una delle leggende più sentite è quella dei tredici «Babbi Natale», in islandese Jólasveinar (in inglese *Yule Lads*). Si tratta di troll dall'aspetto umano, a tratti anche mostruoso, tradizionalmente dispettosi (fanno scherzi, rubano il cibo e disturbano il bestiame). La loro madre, Grýla, un'orripilante ed enorme orchessa, raccoglieva informazioni sui bambini cattivi durante l'anno, per poi andarli a cercare nel periodo natalizio, rapirli infilandoli in un sacco e portarli nella sua casa nelle grotte di Dimmuborgir per cuocerli in un calderone e mangiarli. Il suo gatto Jólaköttur, invece, appariva la mattina di Natale per divorare tutti quei bambini che la sera prima non avevano ricevuto in regalo vestiti nuovi.

I tempi moderni la trama della storia è stata ingentilita, e oggi i Yule Lads più che a terrorizzare vanno in giro a dispensare regali vestiti di rosso come i Babbi Natale della tradizione cattolica. A partire dalla notte del 12 dicembre, scendono dalla loro casa nelle montagne e si trasferiscono nella grotta di Jólasveinahellirinn, dove dormono su letti di lava. Uno per notte, nei tredici giorni che precedono il Natale fanno visita ai bambini islandesi che lasciano una scarpa sul davanzale della finestra, e portano un regalo a ciascuno di loro. Per quelli cattivi, invece, c'è solo una patata.

Poi, dal 25 dicembre, sempre uno al giorno, ritornano da dove sono venuti. L'ultimo se ne va il 6 gennaio, a chiusura del Natale in Islanda, spesso festeggiato con fuochi d'artificio e falò. Questi racconti fantasiosi tipici dei paesi nordici, se in parte possono essere frutto di ataviche paure popolari è anche vero che hanno rappresentato una sottile ed elegante strategia psicologica per proteggere i bambini dalle insidie dell'ambiente estremo. Quando qui cala l'inverno è buio e freddo per tante ore, una situazione che non avrebbe dato scampo ai piccoli che si fossero allontanati troppo e troppo a lungo da casa. E così, il pensiero di un'orchessa e il suo gatto in agguato nell'oscurità poteva essere un deterrente, un invito a stare più a casa a dedicarsi alle faccende famigliari, tra cui confezionare vestiti nuovi.

Il fascino di Dimmuborgir pare abbia irretito anche i giovani moderni. Un gruppo musicale black metal di Oslo si chiama proprio così, e i loro testi pare si ispirino a tematiche mistiche e sataniste.

Medesimo magnetismo esercita la coeva grotta di Grjótagjá, che ospita una polla di acqua azzurrissima alimentata da una sorgente termale sotterranea. Si dischiude attraverso fenditure nella roccia, e a seconda della quantità di raggi solari che penetrano dal suo soffitto esibisce incantevoli giochi di luce.

Di recente la sua bellezza onirica non è passata inosservata a Hollywood, e la sua popolarità è schizzata alle stelle nel 2013

La grotta di Grjótagjá, nei pressi del lago Myvatn, che fuma con le sue acque bollenti oggi a 43 °C.

quando è apparsa sugli schermi di tutto il mondo come sfondo a un intenso momento d'amore in una puntata della famosa serie televisiva *Il Trono di Spade* (terza stagione, quarto episodio per chi volesse recuperarla). La scena ritrae Ygritte e Jon Snow, i protagonisti, che si abbandonano all'amplesso nel suo interno (sebbene le acque non siano proprio quelle perché gli islandesi non hanno voluto chiudere un occhio sui divieti per la balneazione neppure per il cinema, e già che c'era la produzione ci ha aggiunto pure una piccola cascata).

Buffo come cambiano i tempi: in passato questo pertugio era tutt'altro: il rifugio del fuorilegge Jón Markússon e, ancor prima, dei molesti troll. In tempi recenti, invece, sono anche state riconosciute le sue virtù di piscina naturale grazie alle proprietà benefiche delle sue acque calde e saline. Purtroppo, le ultime eruzioni vulcaniche avvenute negli anni settanta le hanno rese inavvicinabili perché bollenti. Oggi, però, la temperatura è scesa a 43 °C, anche se il divieto di balneazione persiste per il timore di nuovi e repentini aumenti, vista la vicinanza del magma sottostante.

Abbandonando il lago e dirigendosi verso il centro della caldera, si entra in un'altra epoca vulcanologica. Cambiano i paesaggi, cambiano le atmosfere, e i luoghi portano i segni di eventi vulcanici più prossimi ai tempi moderni.

Due avvennero in epoca storica e furono chiamati «Fuochi». Il Fuoco di Mývatn durò cinque anni, dal 1724 al 1729, e scagliò in aria fontane di lava talmente alte da essere viste fin dalla costa sud, oltre a riempire l'aria di gas tossici. Cominciò in pompa magna nel mese di maggio, scavando in un paio di giorni una fila di crateri di scorie. Il lascito più grande è l'attuale Viti (un omonimo di quello che si trova all'Askja) con un diametro di circa 300 metri e attualmente riempito d'acqua turchese. Tre anni dopo, invece, nell'agosto del 1727, si aprì la collina di Leirhnjúkur, riversando grossi quantitativi di lava che arrivò a travolgere due fattorie (Gröf e Fagranes) e lambire il lago Mývatn.

Ci fu anche un secondo ciclo eruttivo: i Fuochi del Krafla. Si «accesero» nel dicembre del 1975 su una ferita di duecento anni prima, e si consumarono in nove episodi che si spinsero fino al 1984.

Snocciolai ai miei compagni questi dati mentre attraversavamo la distesa scura, aspra, e in alcuni punti fumante, rimasta da quella alluvione di fuoco. Serpeggiavamo tra coni svasati, altri parzialmente crollati o spezzati dalla linea fessurale che li ha generati, e mostrai loro alcune «astuzie» grazie alle quali la roccia fusa riesce a spingersi molto distante dai centri eruttivi nonostante il rapido raffreddamento che ne ostacola il movimento. Il segreto è che quando la lava è sufficientemente fluida, quindi con una composizione basaltica, il raffreddamento della sua superficie crea una crosta compatta che protegge il calore di quella sottostante che scorre come un fiume rovente. Sono i cosiddetti «tunnel di lava», e i punti in cui la roccia fusa riemerge in vulcanologia si chiamano bocche effimere, a tutti gli effetti sorgenti secondarie.

Il fenomeno dello scorrimento sotterraneo può essere molto pericoloso, perché il tetto dei tunnel non è sempre così robusto e se si spezza sotto i piedi non c'è certo modo di andare a raccontarlo.

Intorno alla cima del Krafla, oggi ridotta a un mozzicone di poco più di 800 metri d'altezza, si entra in un girone dantesco. È un'ininterrotta distesa marrone di varie tonalità di palagonite – un prodotto di alterazione derivante dall'interazione tra un vetro, generalmente di composizione basaltica, e l'acqua, che si forma soprattutto in rocce originatesi da eruzioni subacquee –, punteggiata del bianco candido di intense fumarole di vapore. Nell'area geotermale di Hverir, in alcuni punti escono in pressione con un rumore assordante incrostando il terreno circostante di sali variopinti. Altrove, invece, dimenano sommessamente dense pozze di fango sulfureo grigiastro che quando esplodono in grosse bolle si screziano di infinite sfumature. Soprattutto di notte si ode il concerto di sibili e gorgoglii accompagnati da zaffate di odoraccio di uova marce, tipiche della presenza di solfuro d'idrogeno. Il nostro pianeta era tutto così, nella sua adolescenza. Poi, le prime forme di vita che si nutrono di questi veleni lo hanno convertito e predisposto in un habitat adeguato al nostro arrivo.

In questo paesaggio primitivo spiccano le geometrie della centrale geotermica di Kröflustöd, sorprendentemente costruita nel 1977 in pieno ciclo eruttivo per sfruttare l'immensa energia sprigionata. Si notano edifici bianchi e rossi usati per il raffreddamento e la trasformazione del vapore e dell'acqua bollenti. I fluidi vengono succhiati dal sottosuolo da tubature che si spingono fino a 30 metri di profondità, per poi esser distribuiti in tubi grigi termoisolati che corrono in superficie con percorsi a gomito con angoli di 90°. Sono fatti così per diminuire la forte pressione del contenuto.

Mi è capitato, in viaggi precedenti, di vedere puntare il dito contro questo impianto accusato di un nefasto impatto ambientale. In realtà non ci ho colto alcuna violenza paesaggistica ma, al contrario, una soluzione ingegneristica in buona armonia col contesto circostante, peraltro con idee estetiche curiose, come un gruppo di tre grossi tubi che s'innalza sulla strada asfaltata incorniciandola come fosse un portale. L'estro costruttivo è diventato poco lontano installazione artistica: ai margini della strada, nel bel mezzo del nulla sbuca una doccia che sprizza acqua calda tutto l'anno, attingendola da una fonte termale sottostante. Il «dettaglio» è che non ci sono le pareti. Per completare l'opera, di recente al suo fianco era stato posizionato anche un water (a scopo puramente decorativo, artisticamente parlando), oggi sostituito da un lavandino (anch'esso decorativo).

Quando si arriva alla sera in queste escursioni si puzza di zolfo da capo a piedi: capelli, indumenti. Si fa volentieri ritorno agli accoglienti alloggi prodighi di calore che qui, appunto, non manca. E poi un lauto pasto: in Islanda dominano la tavola l'agnello e pesci di acqua dolce come trote salmonate, ma il mare vicino non fa mancare anche merluzzo, molluschi e crostacei. Non dimenticherò mai una cena a base di gigantesche aragoste consumata nella città di Höfn, nella costa sud, diversi anni fa.

17. Il Circolo d'oro

Húsavík - Kjölur - Hveravellir - Geysir - Gullfoss

Lungo la costa nord i bollenti spiriti dell'isola si placano. Nella baia di Skjálfandi si affaccia la pittoresca cittadina di Húsavík, un variopinto agglomerato di poco più di duemila anime che si sollazzano a sguazzare in vasche idrotermali diventate un luogo di socialità e relax.

Una delle sue maggiori attrazioni, per quanto possa sembrare bizzarro, anni fa era il Museo Fallologico (Hið Íslenzka Reðasafn), fondato nel 1974 da un professore islandese di storia in pensione, che ebbe la curiosa idea di raccogliere apparati genitali maschili, disseccarli e conservarli nella formaldeide. Raccolse oltre trecento peni di molti animali, uomo incluso. Dal 2012, però, l'esposizione è stata spostata a Reykjavík per ragioni commerciali, dato che la capitale assicura maggiore afflusso turistico e quindi ritorno economico. Poco male, perché il piccolo paese del Nord si è fatto strada, tra le nomee internazionali, anche per essere uno dei migliori luoghi al mondo per l'avvistamento delle balene, trovandosi su un vero e proprio crocevia del passaggio di questi mammiferi insieme a capidogli, megattere e persino rare balenottere azzurre. Quando si esce alla loro ricerca il risultato è pressoché scontato; l'unica insidia sono le condizioni del mare, che richiedono stomaci abbastanza forti. Di recente, questo angolo remoto di «dorsale emersa» è diventato protagonista di una pellicola cinematografica distribuita da Netflix dal titolo *Eurovision Song Contest – La storia dei Fire Saga*: racconta le vicende di una band musicale originaria di Húsavík che finisce per rappresentare l'Islanda in un'edizione del festival internazionale di musica che si svolge a Edimburgo. È un prodotto commerciale di contenuto artistico relativo, ma le immagini che mostra danno un grande valore alla città delle balene, accompagnate da musiche che stanno avendo successo in tutto il mondo.

Nell'occasione della mia ultima visita pioveva a dirotto, e ho ancora conservata con cura una mantella cerata giallo intenso comprata proprio lì. Col tempo brutto ci imbucammo con i miei compagni di viaggio in un ristorantino tipico sul porticciolo per farci un'abbuffata di frutti di mare e assaggiare il famoso «squalo marcio» (*hákarl* in lingua locale), considerato un simbolo enogastronomico islandese. È qualcosa di disgustoso che avevo già avuto il dispiacere di sperimentare anni prima, ma i miei compagni non hanno voluto sentire ragioni e hanno insistito per cimentarsi nell'impresa. La carne di squalo non è commestibile a causa dell'alto contenuto di urina, poiché questi animali non possiedono reni e la espellono trasudandola dalla pelle del corpo. Tuttavia, con un lungo e laborioso processo di fermentazione tale acido può essere eliminato e rendere la carne edibile, sebbene terribile e indigesta.

Il trattamento comincia privando lo squalo della testa e delle interiora e sistemandolo in una fossa scavata dentro la sabbia ciottolosa, poi ricoperta da un tumulo sul quale vengono poste pietre più pesanti che servono ad agevolare l'espulsione dei fluidi (oggi il processo si fa più modernamente mettendolo sottovuoto). Quindi, viene lasciato a macerare nella fossa per un periodo che va dalle sei alle dodici settimane, a seconda della stagione. Una volta estratto, viene tagliato in spesse strisce e appeso a seccare per diversi mesi, durante i quali sviluppa una crosta brunastra che viene rimossa prima della consumazione. Sulle tavole arriva nella forma di cubetti giallastri freddi e un po' gelatinosi, infilzati da uno stuzzicadenti. Il peggio, però, è quando ci si avvicina a portata di naso e si viene inondati da una zaffata di ammoniaca non dissimile da quella dei prodotti per la pulizia domestica, che risale lungo il naso anche quando si deglutisce. Il gusto è il minore dei problemi, ed è simile a quello di un formaggio molto stagionato. L'impavido che prova a mandarlo giù è di solito graziato dall'accompagnamento di un bicchierino di acquavite locale chiamata *brennivín* (letteralmente: «vino ardente») ottenuta da patate e cardi. Sorvolo sull'esito dell'esperimento... Quando uno dice: «Ve l'avevo detto io...».

Gli islandesi, però, non sono dei masochisti e sanno cucinare cibi deliziosi. Questa pietanza, infatti, non è comunemente offerta dai ristoranti, ma si trova solo in determinati luoghi (se ordinata, richiesta e disponibile) e occasioni. Per esempio, compare a gennaio quando, verso la fine del mese, ricorre un evento per festeggiare l'identità islandese e si recitano poesie e canzoni tradizionali, si fanno esibizioni comiche, discorsi, giochi e balli di gruppo e si consuma il cibo tipico degli antenati, per non dimenticare un passato quando la gente moriva di fame e tutto quello che passava il convento era utile alla sopravvivenza. Come gli squali, appunto.

Ci rituffammo il giorno dopo nell'entroterra islandese sulla pista di Kjölur, dal nome dell'altipiano che taglia, alto 600-700 metri sul livello del mare: corre per circa 200 chilometri ed è aperta solo nei mesi estivi, snodandosi in un deserto di roccia fatto di campi lavici e depositi di origine glaciale. In pochi sanno che il tragitto originale attraversava il campo lavico di Kjalhraun, più a ovest, che nel 1780 fu teatro di un tragico incidente dove persero la vita quattro contadini sorpresi da una tempesta e ritrovati la primavera successiva. Da questa disgrazia deriva il toponimo Beinaholl, «Colle delle ossa», commemorato da un monumento.

In questo oceano di ocra e marrone, gli unici elementi di contrasto sono le calotte bianche del Langjökull e dell'Hofsjökull, il secondo e il terzo ghiacciaio più grande dell'isola. Sono il residuo della gigantesca coltre che si è depositata milioni di anni or sono a seguito di infinite precipitazioni nevose. Oggi è un misero 11% plasmato in ghiacciai (*jökull*, in islandese) di varia tipologia, ma è ancora un quantitativo vertiginoso: si parla di circa 3600 chilometri cubi di ghiaccio che, se liquefatti, alzerebbero il livello del mare di un centimetro.

Quelli che si vedono dall'alto punteggiando l'isola come chiazze sono le calotte, rimaste lì perché ben compattate sulla cima piatta di vulcani tipo *morb* o *tuya* o come riempimento di caldere, eredità di violente eruzioni. Anche loro soffrono dell'aumento delle temperature che il nostro pianeta sta attraversando, esacerbato dall'effetto antropico. Ne sa qualcosa l'Okjökull, il primo del paese a scomparire nel 2014 lasciandosi dietro solo il suffisso «Ok»: il «fu ghiacciaio» è anche protagonista del provocatorio *Not Ok*, documentario a esso dedicato girato nel 2018, dove si pone l'accento dell'impatto antropico dell'attuale situazione climatica. Un destino analogo potrebbe attendere, entro il prossimo secolo, il Langjökull, che incorniciava durante quella camminata il nostro orizzonte destro. Per ora i suoi ghiacci si allungano su un'area di 935 chilometri quadrati, spalmati su 50 chilometri di lunghezza per 20 di larghezza. Quando e se i suoi 580 metri di spessore si dissolveranno, porteranno alla luce ben due sistemi vulcanici che negli ultimi 10 000 anni hanno prodotto almeno una trentina di eruzioni. Quello a sud, che spunta col rilievo di Geitland, è lungo una settantina di chilometri e largo 5-17 chilometri. Quello a nord, invece, ha la stessa ampiezza ma è leggermente più corto. Raggiunge il suo punto più alto di 1450 metri nella cima di Baldjökull, orlo di una caldera estesa per 25 chilometri quadrati. La sua ultima eruzione risale al 950 d.C., e si è lasciata dietro il massiccio flusso lavico di Hallmundarhraun con il sistema di grotte di scorrimento lavico tra i più estesi al mondo. Nei ghiacci della calotta, invece, nel 2015 è stato scavato il tunnel artificiale più grande del mondo, diventato una meta turistica piuttosto gettonata.

Alla nostra sinistra, invece, imperava l'Hofsjökull, sorgente di vari fiumi, tra cui il Þjórsá: il più lungo del paese. Questo ghiacciaio ha una forma grossolanamente circolare, del diametro di una quarantina di chilometri, e si estende per un'area di 925 chilometri quadrati, sulla direttrice est-ovest che connette i due principali rift dell'isola. Al suo interno, cela l'omonimo vulcano attivo «a scudo» più alto del paese, con 1765 metri di quota, e sormontato da una caldera ampia 7 chilometri per 11. Dorme da circa 12 000 anni.

Attraversare l'entroterra islandese richiede ore. L'ultima sosta è stata per un'escursione sul campo lavico di Kjalhraun, una distesa di 180 chilometri quadrati eruttata 7800 anni fa da una propaggine del Langjökull. È ricca di grotte e strutture laviche che ben si prestano alla didattica e non abbiamo perso l'occasione di camminarci sopra.

Quando c'è stanchezza di varia natura, nulla è più rifocillante di un bagno caldo, così deviammo verso una delle più belle aree geotermali d'Islanda: Hveravellir. Niente spa, doc-

L'autrice nella cornice del sito di Kerlingarfjöll, una delle più prolifiche aree idrotermali d'Islanda.

ce, spogliatoi, ristoranti o che altro. Solo un piccolo rifugio in legno di color verde col tetto rosso che spunta in mezzo a un manto ocra chiazzato di erba verdissima e punteggiato di sorgenti fumanti e gorgoglianti. Alcune raggiungono temperature di 70-100 °C. I fluidi che fuoriescono incrostano di vari colori gli orifizi, conferendo un nome diverso a ciascuno. L'alone biancogrigio di geyserite, un minerale a base di silicio, è onnipresente. Un fiumiciattolo caldo le attraversa, e nel 1950 a qualcuno è venuto in mente di arginarlo in modo da formare una piccola piscina naturale che può accogliere fino a una ventina di persone. La temperatura oscilla tra i 19 e i 40 °C circa e, anche quando fuori il tempo non è ottimale, stare lì immersi, dirimpetto ai due ghiacciai, è paradisiaco. Soprattutto quando i colori del crepuscolo li arricchiscono di inaspettate tonalità. Meno gradevole è uscire e asciugarsi: diciamo che per girare in costume è un pò «freschino».

Hveravellir è un dono dei vulcani nascosti sotto il Langjökull, ma nei dintorni ce n'è uno ancor più imponente offerto dal sistema sepolto nell'Hofsjökull, che si raggiunge dopo una decina di chilometri ripidi e dissestati, allietati dall'incantevole panorama di cime innevate. Secondo la mitologia islandese tale complesso montuoso di Kerlingarfjöll è la «montagna della strega», raffigurata nella sommità pietrificata al ritorno da una battuta di pesca, come finiscono i troll nelle leggende islandesi quando sono colpiti dai raggi solari. Queste cupole sono una visione sublime. Hanno forme morbide, arrotondate, e un colore aranciato ricco di mille sfumature conferito dalla roccia riolitica di cui sono fatte. Sono letteralmente costellate di fumarole e lambite da un torrente d'acqua limpidissima che scorre ai loro piedi, bordato di tappeti di microbolle in ebollizione che fanno friggere il suolo. L'aria è fresca perché si è sui 600-700 metri di quota, ma alcune sporadiche zaffate puzzolenti la infiammano, mentre si vaga tra passerelle e scale in legno che arrancano qua e là. Per l'anagrafe geologica è un'area giovanissima: da poche centinaia a qualche decina di migliaia di anni. Ma da allora è rimasta silente, e l'energia che l'ha forgiata cova ancora là sotto, dentro una caldera che pigola e divampa attraverso il suo terreno ribollente.

Proseguendo sulla pista di Kjölur ci si avvicina alla costa sud, e si raggiunge l'area termale di Geysir, una delle più famose al mondo per lo spettacolo che offre ininterrottamente da secoli: a distanza di pochi minuti una grossa bolla azzurrissima sfumata del bianco di schiuma e vapore esplode, innalzando un getto per alcune decine di metri. Accade anche in altre parti del mondo ma è qui che il fenomeno venne documentato per la prima volta in tempi antichi, ed etichettato col nome della località. E così Geysir, che deriva dal termine *gjósa* che significa eruzione intermittente, venne trasformato nel vocabolo inglese *geyser.*

Da quello che si sa l'area è attiva da millenni, mentre la dinamica e l'evoluzione dei getti è discontinua e pare risenta dell'attività sismica della zona. Si dice che, dopo un periodo di calma, i primi zampilli siano ricomparsi alla fine del 1200 a seguito di un terremoto, per poi interrompersi ed eruttare di nuovo all'unisono in un episodio intenso del 1630. La sua gittata è sempre stata intorno ai 70-80 metri, ma nel 1845 si spinse addirittura a un'altezza di 170 metri, momento in cui si diffuse la notorietà della zona. Nel tempo i turisti presero la pessima abitudine di gettargli dentro delle pietre nel tentativo di stuzzicarne l'eruzione, ma non fecero altro che ostruirne la cavità e soffocarlo lentamente. L'ultima sua performance vigorosa si ebbe nel 2000, mentre le eruzioni attuali sono modeste e sporadiche, annunciate dal gorgoglio delle acque.

Quello che tutti i turisti oggi ammirano, quindi, non è il «capostipite» ma il «facente funzioni» Strokkur. È più piccolo ma attivissimo: ogni 4-8 minuti non manca d'innaffiare il suo intorno con uno spruzzo alto una ventina di metri, rendendo i colori intorno alla sua bocca ancora più vividi e luccicanti. Non diserta nessun appuntamento. Però riesce a creare sempre una certa suspense prima del momento esatto della performance. Tutti sono in circolo a fissare il filo d'acqua che ondeggia raso alla cavità del cratere. Quando inizia a muoversi in modo più concitato, espandendosi, ritirandosi e ribollendo, si trattiene il fiato e s'incolla l'occhio sull'obbiettivo di qualsiasi sistema di ripresa si abbia, pronti a immortalare. A volte pare un falso allarme, allora ci si rilassa o riposa. Ed è proprio in quel momento che la beffarda bolla rapidamente cresce ed esplode, frantumandosi in un'infinità di schizzi, accompagnata dalle esclamazioni del pubblico. Poi si crea un piccolo imbuto dentro la cavità dove l'acqua si ritira come verso uno scarico, e si riassesta tranquilla, pronta a un altro giro di giostra.

Con tutta questa attività in superficie è normale domandarsi cosa ci sia là sotto, ma è un segreto che la scienza ha svelato da tempo. È una struttura geologica chiamata sifone, che ospita una

Una grossa bolla d'acqua che esplode: l'origine del fenomeno dei geyser.

sacca d'acqua all'interno di rocce impermeabili scaldate da un serbatoio magmatico. Quando vi entra dal sottosuolo, la porzione più bassa della colonna viene scaldata fino a raggiungere la temperatura di ebollizione, che essendo in pressione è maggiore dei 100° canonici. L'espansione provoca una fuoriuscita del liquido da condotto fino a quando la depressurizzazione fa crollare il punto di ebollizione vaporizzandola. L'intervallo tra un'eruzione e un'altra è il tempo che impiega il sifone a riempirsi.

Geysir è una delle perle paesaggistiche del cosiddetto «Circolo d'oro» (*Gullni hringurinn*), un circuito turistico molto famoso dove si concentrano varie attrazioni naturali facilmente accessibili dalla Ring Road.

Poco lontano si trova una delle cascate più imponenti e famose dell'isola: la Gullfoss. Le sue acque sono un dono del fiume Hvita che proprio qui viene spezzato da due salti, di 11 e 21 metri, prima d'incunearsi nella gola stretta e profonda che lo condurrà al mare. Un sentiero ben tenuto dà la possibilità di spingersi fin nel suo cuore, proprio nel punto in cui le acque schiumano, gorgogliano e si contorcono impetuose prima di precipitare nel vuoto. Il loro fragore è assordante. Si arriva lì già zuppi e infreddoliti dalle folate di aerosol che s'innalzano dall'esplosione dei fiotti che rovinano a valle. Qui l'elemento dominante è l'acqua, mentre il fuoco è un ricordo lontano.

Se si attende il tramonto di una giornata limpida si capisce perché il suo nome significa «cascata d'oro» (da *gull* che in islandese significa dorato): è per via dei riflessi dorati della nostra stella che rimanda indietro. Ma qualcuno preferisce legare il suo nome alla leggenda che ha come protagonista un contadino, Gygur. Pare che col passare degli anni avesse racimolato un'enorme ricchezza d'oro di cui era diventato custode e schiavo. E così alla sua morte preferì metterlo in uno scrigno e gettarlo nelle acque della cascata, piuttosto che darlo in godimento a qualcuno.

Sia come sia, è indubbio che i raggi solari siano in grado di renderla magica. Non di rado le infinite goccioline d'acqua che rimangono sospese nell'aria si comportano da minuscoli prismi che scindono la luce bianca nei suoi sette colori fondamentali, generando intensi arcobaleni che la incoronano per intero. Col favore delle tenebre, invece, almeno in un paio di occasioni l'ho vista ritratta incoronata da luci aurorali verde intenso, maculate dall'alone biancastro dell'aerosol.

Se oggi è possibile godere di tale bellezza si deve ringraziare il coraggio e la tenacia di una giovane islandese di nome Sigríður Tómasdóttir, che percorse a piedi i 120 chilometri che separano il sito da Reykjavík per andare a protestare, minacciando di buttarsi nella cascata, se avessero causato la sua distruzione a seguito della costruzione di una diga sul fiume. Erano gli anni venti, e la potenza delle sue acque fece gola a una serie di investitori stranieri che presentarono un progetto per l'edificazione di una centrale idroelettrica. Insieme alla figlia anche il padre, Tómas, si oppose con tutte le sue forze intentando anche una causa legale ma invano, e il governo diede il lasciapassare. Quello che accadde dopo è poco chiaro: pare che gli investitori non pagarono il costo della concessione e il contratto fu annullato. Fatto sta che Gullfoss la scampò e la vittoria fu dedicata alla giovane, poi omaggiata con una piccola statua eretta all'inizio dell'attuale percorso. Dal 1975 la cascata si getta in aria protetta, e solo Madre Natura potrà deciderne il destino.

In terra islandese l'acqua fluisce davvero abbondante, galoppando, inciampando e precipitando sui suoi tormenti geologici diventando cascate. Credo che il loro numero sia incalcolabile, con esattezza, perché ogni stagione possono nascerne di nuove oppure proliferare (raramente sparire vista l'epoca di disgelo).

Gullfoss è imponente, ma per udire il «ruggito» più potente d'Europa occorre recarsi a Dettifoss, nel nord dell'isola. Nel canyon di Jökulsárgljúfur le acque sfrecciano a 193 metri cubi al secondo, volando giù da un muro alto 45 metri e largo 100. Sono talmente furiose nella loro corsa da esser ricolme di sedimento e apparire grigio scuro o marrone. Avvicinarsi incute terrore. Non si può non immaginare cosa accadrebbe se un malcapitato finisse là dentro: il destino è ovvio, certo, ma quel che sconcerta è la mattanza che subirebbe in quella furia di acqua. Se si segue il fiume lungo un sentiero, più a valle s'incontrano altri salti, a testimonianza del dissesto geologico di questa terra. Di nuovo, tali paesaggi potenti e primordiali sono stati fonte d'ispirazione artistica. Qui il regista Ridley Scott ha girato le prime scene del film *Prometheus*, e prima ancora fu il set di alcune riprese di *Batman Begins* e *Viaggio al centro della Terra*.

Con un salto d'acqua di circa 60 metri, quella di Seljalandsfoss è una delle cascate più affascinanti del paese, perché dà la possibilità di passare dietro al suo sipario d'acqua attraverso un breve sentiero irrorato dai suoi spruzzi.

Le altre cascate che bordano il Circolo d'oro sono più docili. Non lontano da Geysir si affaccia quella di Skógafoss, un tendone in movimento alto 62 metri immerso in una nebbia soffusa spesso colorata dall'immancabile iride. Una visione onirica depositaria di un potere magico: secondo la leggenda, chiunque si bagni nelle sue acque può ritrovare un oggetto perduto e a lungo cercato.

Poco più avanti, Seljalandsfoss è una delle più famose e fotografate del paese, coi suoi getti visibili anche passandoci dietro, attraverso un sentiero che si snoda lungo una grande cavità scavata nella parete dalla quale precipitano. Si vedono cadere per 60 metri dentro un laghetto incastonato in un paesaggio verdissimo. Nel volo, i fiotti si espandono in vele che si dispiegano in controluce muovendosi come al rallentatore, e dissolvendosi strada facendo in minuscole goccioline che si diffondono ovunque.

Quando il salto aumenta, la guerra tra gli elementi si fa più accesa: l'aria e la gravità maciullano l'acqua in vapori evanescenti. Accade nella valle di Fossárdalur, per esempio, dove l'affluente del grande fiume Þjórsá, il Fossá, ha scavato una gola lungo la quale si biforca precipitando nel vuoto e diventando la terza cascata più alta del paese (Haifoss, 122 metri) e, accanto, poco più bassa e meno potente, Granni (il vicino). Poi, il flusso si ricompone e prosegue il suo percorso verso il mare. Questa odissea è ben visibile dalla cima dell'enorme voragine rocciosa dove le acque rovinano. L'altezza rallenta oltremisura il movimento, disegnando una composizione spettacolare, apparentemente statica, ma che si rivela nel suo fermento solo

Dettifoss è la maggiore cascata islandese e d'Europa: la sua portata d'acqua dipende dalle precipitazioni e dallo scioglimento del ghiacciaio Vatnajökull. In estate è facile che si raggiungano i 500 metri cubi al secondo.

L'autrice al cospetto della cascata di Aldeyjarfoss, una delle più suggestive d'Islanda.

dal basso. Non meno affascinante è il ricamo della parete sullo sfondo, portato alla luce dall'enorme ferita: è un'alternanza di strati di vari colori e tessiture. Quelli dall'aspetto massivo, con varie tonalità di grigio, sono intercalati da colonne strettamente assiepate, i cosiddetti «basalti colonnari».

Nella cascata di Svartifoss, sempre nei dintorni della Ring Road, alla quale si accede dopo un'oretta di cammino, sono ancora più imponenti, e ricamano per intero il fronte roccioso dal quale sgorgano le acque, tanto da assomigliare a un immenso organo «gocciolante». Uno sfondo che si ritrova ancor più maestoso ad Aldeyjarfoss, nel nord, un'altra visione sublime che si gode dall'alto. Qui il salto è modesto (una ventina di metri) ma le acque sono impetuose, e ribollono di bianco nel bacino circolare nel quale si riversano.

18. Nel regno dei puffin

Jökuldalur - Dyrhólaey - Mýrdalsjökull - Lakagigar

Nella valle di Jökuldalur (nella zona orientale), le colonne esagonali si allineano lungo il canyon di Stuðlagil, che culmina in una deliziosa cascata gradinata. Fino a qualche tempo fa era pressoché sconosciuto poiché sommerso dalle acque qui azzurrissime del fiume Jökla, feroce al punto da rendere inavvicinabili le sue sponde se non per gli animali. Ma nel 2009 la costruzione di una centrale idroelettrica ne ha abbassato il livello e ne ha placato l'impeto, portando alla luce quel tesoro naturale. Uno di quei rari casi in cui lo zampino dell'uomo, suo malgrado, ha fatto all'umanità un bel regalo.

Il luogo più famoso e accessibile dove toccar con mano queste curiose formazioni e – perché no – arrampicarvisi sopra, è la spiaggia di Reynisfjara (dal nome del monte), sulla costa sud a pochi chilometri dal paesino di Vik. Qui si entra in un mondo in bianco e nero: i ciottoli nerissimi rotolano levigati e percossi dal mare grigio effervescente, sovrastati da un cielo spesso gravido di pioggia. A rendere l'atmosfera ancora più surreale, dirimpetto, si osservano una serie di faraglioni appuntiti di roccia lavica (chiamati, per la vicinanza al monte, Reynisdrangar) che emergono dalle acque come sentinelle. La leggenda narra che un tempo fossero troll che di notte cercavano di trascinare le navi fino a riva, fino a quando accadde che l'alba li sorprese ancora in mare e i primi raggi del sole li tramutarono in pietra. Quando la marea si abbassa è possibile aggirare i basalti colonnari e ammirare tali «folletti pietrificati» dalla grotta di Hálsanefshellir, non a caso scelta come set per il film di Darren Aronofsky, *Noah*.

Questa sorta di regno fatato, però, cela delle trappole. Le onde si alzano in modo imprevedibile spingendosi parecchio verso l'entroterra, tanto da essersi guadagnate l'attributo di «serpenti»: è capitato più volte che «afferrino» un malcapitato distratto dalla bellezza del paesaggio, lo risucchino nell'acqua gelida e lo spingano al largo aiutate da potenti risacche. Stava per accadere anche a me diversi anni fa: ero intenta a riprendere il frangente candido di una grossa onda che si stagliava sullo sfondo nero pece del promontorio visibile in lontananza dalla parte opposta della baia, e in un baleno sono finita fino alle ginocchia dentro l'acqua ghiacciata che mi tirava verso il basso. Mi sono sentita davvero braccata, senza nemmeno il tempo di accorgermi di quanto stava accadendo. Fortunatamente me la sono cavata solo con una bella «inzuppata» ma ho ben compreso la pericolosità del luogo. La causa del fenomeno è poco chiara, ma vengono chiamate in causa correnti che arrivano da molto lontano, addirittura dall'Antartide, si dice, visto che pare sia l'unica terra a sud dell'Islanda.

Un particolare del luogo che mi ha sempre ammaliato è il promontorio di Dyrhólaey, che svetta sul mare per 115 metri. La sua scultura più iconica è una penisola che si allunga verso il mare, forata da un enorme arco ben visibile anche da lontano. Queste scogliere fanno un po' lo spartiacque tra la spiaggia di Reynisfjara e quella di Endless, lunghissima, che si perde letteralmente all'orizzonte. Mi sono lasciata sedurre dal fare l'equilibrista su uno sperone roccioso che s'innalza sul suo panorama per farmi ritrarre in uno di quegli scatti che rimangono indimenticabili. Queste rocce sono brulle e aspre, eppure, le cavità delle pareti strapiombanti, tra ciuffi d'erba e piccoli arbusti, sono comode abitazioni per i simpatici «pulcinella di mare» anche noti come puffin. Sono uccelli adorabili: belli e simpatici. Avvicinarli è difficile – e anche vietato, visto che è una specie protetta –, ma non per lo zoom delle fotocamere e il tempo vola nel tentativo di riprendere il loro continuo viavai in cerca di cibo. Dalle loro tane si lanciano in picchiata, liberandosi in modo goffo a causa delle ali tozze che sbattono fino a 400 volte al minuto, tenendo i piedoni arancioni palmati aperti lateralmente alla coda. In mare, però, sono agilissimi poiché è l'elemento dove stanno più a lungo, tanto che gli antichi li ritenevano un incrocio con i pesci. Ammarano colpendo la superficie dell'acqua col petto e la testa e s'immergono fino a 20-30 secondi, navigando abilmente grazie alle robuste zampe che fungono da remi. Il becco triangolare ed enorme, oltre a servire per scavare i tunnel dove vengono deposte le uova è provvisto di uncini per agguantare i pesci, che non hanno scampo. Può trasportarne fino a una sessantina per volta, oltre ad afferrare crostacei e molluschi. L'evoluzione è stata attenta anche con le altre parti del corpo: il dorso, nero, serve a mimetizzarli contro i predatori dell'aria mentre la pancia bianca confonde i nemici marini.

Tra le loro abitudini impossibile non menzionare il fatto che nei vent'anni circa che dura la loro esistenza pare mantengano lo stesso partner col quale ritornano di anno in anno nello stesso nido a covare insieme il solo uovo, ben levigato e bianco, che si schiude a giugno.

Nel periodo della riproduzione, da maggio ad agosto, subiscono anche una metamorfosi estetica. Il becco, in inverno più piccolo e scolorito, in primavera si riveste di uno strato corneale rosso, giallo e nero. Allo stesso modo gli occhi vengono messi in risalto da ornamenti rossi, azzurri e neri. In pratica l'uccello s'imbelletta e ammicca, segnalando la disponibilità alla riproduzione. È proprio questa livrea che li ha resi famosi al mondo, e non c'è fotografo che non si scapicolli per carpire sul loro volto lo scatto perfetto. Purtroppo, queste bestiole sono anche uno dei cibi preferiti degli islandesi. I cacciatori ne sfruttano la naturale curiosità e predilezione per il rosso, per avvicinarsi armati di reti fino a breve distanza e catturarli.

Mentre osservavo divertita i miei amici che si allungavano fino allo spasmo sul precipizio per aiutare gli obbiettivi fotografici a cogliere ogni istante dei puffin, ero continuamente distratta dal dinamismo di questa terra unica: gli elementi sono sempre tutti lì, presenti in ogni forma, penetrandosi a vicenda; le ellissi dei pennuti che fanno la spola col mare sono incorniciate dalle lingue glaciali del Mýrdalsjökull, il quarto per dimensioni coi suoi 596 chilometri quadrati di estensione.

Ogni ghiacciaio ha le sue forme. Il Mýrdalsjökull assomiglia a uno schizzo di vernice bianca gettata sullo sfondo verde screziato di grigio e marrone del paesaggio, con alcune «gocce» che si allungano terminando con fronti frastagliati di forma prensile. Nel corso di uno degli ultimi viaggi mi sono dilettata a guardarlo da ogni prospettiva, circoscrivendolo in auto lungo una delle strade più suggestive del paese. Come in buona parte dell'entroterra islandese, anche questa pista si snoda lungo un paesaggio primordiale da fine del mondo lungo il quale l'incanto ripaga dai fastidi causati da buche, solchi, massi, corsi d'acqua da guadare e tutto ciò che non si spererebbe mai di incontrare su una strada. Una gomma, insieme a qualche pezzo di marmitta, le avevamo dovute sacrificare anche noi. Ma

L'autrice ai piedi del Maelifell, un altro simbolo iconico d'Islanda.

è uno di quei casi in cui è la cornice a dare valore al dipinto e bisogna accettarne le smussature.

Inutile dire che occorra un fuoristrada coi fiocchi per affrontarla senza pensieri, altrimenti si deve mettere in conto che si possa rimanere in panne in un luogo dove veder passare qualcuno è estremamente raro. L'ultima visita l'abbiamo fatta a ridosso di Ferragosto, e l'unica anima che abbiamo incontrato era un ragazzo a piedi, sepolto sotto il suo gigantesco zaino, che è riuscito perfino a farci un sorriso smagliante mentre gli sfrecciavamo accanto. Il fiore all'occhiello di questo percorso è il Mælifell, un cono perfetto alto 791 metri ricoperto di muschio verde brillante. In certe condizioni luminose appare come un gigantesco cono stradale colorato di una vernice fluorescente che si erge solitario su un deserto di sabbia nera striato da rivoli d'acqua; se si è abbastanza fortunati, l'acqua riflette l'azzurro del cielo facendolo tremolare al passaggio dell'ombra delle nubi. All'orizzonte, la lingua del ghiacciaio che lo ha generato ritirandosi circa 10 000 anni fa, al termine dell'ultima era glaciale.

Il Maelifell, ricoperto di un manto verde, che si staglia sulla pianura grigio scuro come fosse uno smeraldo. Si trova nell'entroterra, alle spalle del ghiacciaio Mýrdalsjökull.

Anche il Mýrdalsjökull, come i suoi colleghi ghiacciai, nasconde sotto di sé un mostro. È il vulcano Katla, un edificio di 30 chilometri di diametro alto fino a 1512 metri. L'impronta della sua potenza è una caldera ampia 10 chilometri ed estesa per 110 chilometri quadrati, lascito di chissà quale cataclisma che ha svuotato la camera magmatica al punto da ospitare, dopo il suo collasso, almeno 700 metri di ghiaccio. Da allora, non si vede più, ma «si sente», col suo respiro mefitico: pare che sia uno dei maggiori emettitori vulcanici di anidride carbonica, superando addirittura la nostra amata Etna.

Inoltre, talvolta irrompe con eruzioni sotterranee, che si divincolano dalla pesante coltre: si manifestano in superficie con

violente inondazioni, chiamate in islandese *jökulhlaup*. La più cruenta, in tempi storici, è avvenuta nell'ottobre del 1918: per 24 giorni un fiume di fango misto a detrito lavico con una portata di 300 000 metri cubi al secondo ha spazzato tutto ciò che incontrava sul suo percorso, animali compresi, terrorizzando gli increduli testimoni. Molti si salvarono radunandosi sulle alture dopo l'avvistamento dell'onda incombente, come accadrebbe per uno tsunami marino. La costa sud è stata travolta e accresciuta di ben 5 chilometri dall'enorme carico depositato. Più di recente, invece, nel luglio del 2011 è stato divelto il ponte di Múlakvísl, sopra l'omonimo fiume lungo la Ring Road.

Il potenziale di questo sistema vulcanico, però, è tutt'altro.

O meglio, in tutt'altra direzione: più a nord, sul ramo est del complesso di fratture che taglia a metà l'isola, sono avvenuti due degli episodi eruttivi più violenti della storia moderna, che hanno avuto ripercussioni non solo sul territorio circostante e sul suo tessuto sociale, ma sul mondo intero. Nel 934, da una fessura lunga una trentina di chilometri fuoriuscirono, per 3 o forse 8 anni, 20 chilometri cubi di lava basaltica che ricoprirono 800 chilometri quadrati di territorio. Per dare un'idea di quanto fosse catastrofico come evento, come paragone, la devastante eruzione (sebbene di altra tipologia) del Vesuvio del 79 d.C. eruttò 4 chilometri cubi. Tale fu la portata dell'eruzione che la zona (e l'evento) furono chiamati *Eldgjá*, che significa «canyon di fuoco».

Il peggio, però, furono le decine di milioni di tonnellate di anidride solforosa che avvelenarono letteralmente il territorio e ogni forma vivente animale e vegetale, creando anche scompensi climatici. Ciò accade perché questo gas, combinandosi col vapore acqueo atmosferico, produce acido solforico che ha il potere di riflettere la radiazione solare. Dunque, se il *plume* (pennacchio) eruttivo arriva abbastanza in alto da superare la troposfera e scampare al dilavamento da parte delle sue perturbazioni, può portare a cambiamenti climatici su grande scala. E così, dai racconti delle cronache irlandesi, tedesche e italiane di quel periodo, sappiamo che la nube sulfurea si diffuse in tutta Europa, sulla quale, durante i crepuscoli, il sole divenne rosso sangue, mentre nel corso del dì aveva l'aspetto di una sfera pallida e fredda immersa in una foschia lattiginosa. Negli anni a seguire, le osservazioni dei dischi di accrescimento dei tronchi di alcuni alberi situati in diverse aree nell'emisfero boreale, testimoniano l'estate successiva all'eruzione come la più fredda degli ultimi 1500 anni, con temperature inferiori alla media di circa 2 °C. Più in generale, dall'Europa del Nord alla

Cina settentrionale l'evento ha causato inverni freddi e lunghi, e conseguenti siccità in primavera ed estate, favorendo infestazioni di locuste e perdite di bestiame, oltre che a carestie in Germania, Iraq e Cina.

I risvolti dell'eruzione, come detto, si ebbero anche a livello sociale. Il più celebre poema medievale apocalittico islandese, il *Vǫluspá* («La profezia della veggente»), racconta come il dio Odino avrebbe profetizzato l'abbattersi di una sciagura che avrebbe posto fine al paganesimo. Tale sciagura sarebbe avvenuta per mano di un nuovo dio che avrebbe utilizzato una serie di poteri che oggi riconosciamo come molto simili agli effetti di un'eruzione: oscuramento del cielo e della terra, esplosioni, fuoco e veleno nell'aria che distruggono ogni cosa. Secondo gli storici, queste calamità potrebbero essere state sfruttate propagandisticamente per stimolare l'enorme cambiamento religioso e culturale che stava avvenendo in Islanda durante la fine del x secolo. In effetti, il testo è datato al 960 e l'eruzione, che si concluse sei anni dopo (nel 940) avvenne in contemporanea con l'arrivo delle prime due o tre generazioni di colonizzatori dell'isola, che arrivarono intorno all'874. Si trattava di celti e vichinghi ma con radici cristiane che stavano gradualmente cominciando a irrobustirsi. Quale miglior modo per accelerare i tempi.

Non meno disastrosa fu l'eruzione del Laki, avvenuta poco meno di un millennio dopo. Per otto mesi, dall'8 giugno del 1783 al 14 febbraio dell'anno successivo, la roccia si fratturò per 27 chilometri, riversando in superficie quasi 15 chilometri cubi di lava su una superficie di circa 600 chilometri quadrati. L'intero squarcio si costellò di fontane di lava alte fino a un chilometro e mezzo, tanto da assomigliare a un immenso organo infernale fatto di 130 canne (le bocche crateriche che si è lasciato dietro) che suonò una vera marcia funebre: nell'atmosfera si liberarono circa 500 milioni di tonnellate di esalazioni, un terzo del quale veleno puro: 120 milioni di tonnellate di anidride solforosa e 8 di fluoro. I cieli islandesi, che da inizio estate e per alcuni mesi non vedono quasi mai la notte, piombarono nelle tenebre diventando improvvisamente silenziosi, imprigionati da una cortina azzurrognola tossica (chiamata *Laki haze*) che trasformò il candore delle nevi in un tetro cimitero. La vegetazione soffocò e il bestiame che se ne nutriva fu decimato, vittima di fluorosi ossea e dentale. Le persone che non morirono subito intossicate lo fecero attraverso la lenta agonia della fame che dilagò a seguito dell'inevitabile carestia.

Così, descrisse ciò che avvenne il parroco Jón Steingrímsson:

> In quest'ultima settimana, e nelle due precedenti, è piovuto dal cielo più veleno di quanto le parole possano descrivere: cenere, frammenti di lava, pioggia contaminata da acido solforico e sali minerali, o mescolata a sabbia. Le narici e le zampe degli animali al pascolo o erranti sull'erba divennero di colore giallo brillante. Tutta l'acqua delle sorgenti divenne tiepida e colorata di un blu tenue. Tutte le piante bruciarono, si appassirono o si fecero grigie, una dopo l'altra, man mano che il fuoco aumentava e si avvicinava agli insediamenti.

Con l'avanzare dell'inverno, reso ancora più rigido dalla cappa di cenere e smog che cresceva, i mari adiacenti alle coste cominciarono a gelare rendendo difficoltoso l'attracco delle navi, ostacolate anche dalla ridotta visibilità atmosferica. E così gli aiuti dalla vicina Danimarca, che peraltro partirono tardi perché tardi si seppe cosa stava accadendo nella loro colonia, furono quasi vani. Blindata nel proprio inferno di ghiaccio, gas e cenere, un quarto della popolazione del tempo morì; si stima intorno alle 10 000 persone.

Ma la sciagura non si abbatté solo sull'Islanda. Nei mesi successivi la nube tossica rigurgitata dall'isola fu trasportata verso sudest dai venti, e cominciò a raggiungere uno per uno i paesi europei. Prima fu la volta della Norvegia, poi Praga e la Boemia, Berlino, Parigi, la Gran Bretagna e, per finire, Russia, Siberia e Cina. In pratica transitò su un quarto della superficie terrestre intorno alla latitudine di 30° Nord, dove la temperatura calò fino a 3 °C.

Il paese più colpito pare sia stato il Regno Unito, raggiunto a fine giugno; qui l'estate divenne rovente e l'inverno il più rigido mai registrato. Il poeta William Cowper riportò che i braccianti erano decimati dalla febbre e la debolezza, e venivano trasportati fuori dai campi di lavoro anche morti sotto gli occhi di un sole sempre più freddo, fosse pallido o aranciato. Le vittime furono soprattutto coloro che lavoravano all'aria aperta e nelle campagne, dove si registrò un tasso di mortalità due o tre volte superiore al normale. Il pesante bilancio fu di circa 23 000 deceduti, a cui se ne aggiunsero 8000 stroncati dal freddo. Gli effetti dell'eruzione sul clima europeo si fecero sentire anche a lungo termine con un inaspettato effetto domino sulla vita sociale.

Infine, seppur indirettamente, non se la scampò neppure il resto del mondo. Gli Stati Uniti furono flagellati da violente ondate di gelo mentre la differenza termica fra Eurasia e Africa, e fra Oceano Indiano e Atlantico, limitò la capacità dei monsoni di generare le piogge che alimentano i corsi dei fiumi. E così, nel Nord dell'Africa la temperatura aumentò e la mancanza di precipitazioni fece sì che il Nilo non inondasse i terreni con le sue fertili acque, rendendo impossibile la semina in assenza dell'irrigazione necessaria. L'anno seguente accadde lo stesso, e la perdita delle colture causò una terribile crisi che decimò la popolazione egizia, come documentò l'orientalista francese

Constantin Volney nel suo *Viaggio in Egitto e Siria* (1787). L'India non se la cavò meglio: esistono numerose testimonianze di carestie nel 1783, note col nome di *Chalisa*.

Nonostante questo subbuglio climatico e le conseguenze devastanti che ne derivarono di cui i media di allora parlarono ampiamente, solo il politico e scienziato Benjamin Franklin ebbe l'intuito di collegarli all'eruzione del Laki. Durante una conferenza dal titolo *Fantasie e congetture meteorologiche*, tenuta il 2 dicembre 1784 di fronte ai membri della Literary and Philosophical Society di Manchester, dimostrò che era la venefica nebbia proveniente dall'Islanda a schermare i cieli europei dai raggi solari, facendosi precursore di conoscenze attuali.

Ansimante e sotto una pioggerella battente, raccontai questa triste storia a un'amica che mi accompagnava nella salita sul cono maggiore dell'area, conosciuta oggi come Lakagigar (che significa «crateri di Laki»). Il Lakagigar è uno dei paesaggi più affascinanti d'Islanda: dalla cima del cratere più alto si ha una visione eccezionale della lunga fila che si perde all'orizzonte. Le bocche sono ammantate di un'erbetta verde, tenera e brillante interrotta sulla cima dal bordo nero e frastagliato, spaccato a metà dalla frattura che generò tutto.

Era una giornata grigia d'agosto, e io ero ancora zuppa dalla sciabordata delle «onde serpente» di Reynisfjara che mi avevano anche messo fuori uso gli scarponi da trekking, costringendomi a usare come riserva delle semplici scarpe da running; come intuibile, sulle rocce rese viscide dall'acqua scivolavo che era una bellezza. Come dico sempre a chi viaggia con me, però, il ricordo dei disagi passa in fretta e dentro rimane solo l'impronta della bellezza. Quella cicatrice rocciosa oggi non «sanguina più», ma non è escluso che lo rifarà. Nel frattempo, però, continuano a emularla le faglie attigue che verso nord s'inabissano sotto il ghiacciaio più grande dell'isola, quarto al mondo dopo l'Antartide, l'inlandsis groenlandese e Campo de Hielo Sur in Patagonia: il Vatnajökull.

È una sontuosità di 8300 chilometri quadrati, con un volume di ghiaccio stimato di 3300 chilometri cubi che raggiunge uno spessore massimo di 1000 metri. Dirimpetto, si trova anche il Hvannadalshnjúkur, coi suoi 2119 metri la cima più alta d'Islanda. Qui sotto c'è di tutto: grotte, tunnel e decine di migliaia di anni di storia e storie del nostro pianeta e magari della nostra umanità. Ma, soprattutto, ben quattro vulcani, e una serie di laghi glaciali dovuti alla loro opera di riscaldamento.

Il Grímsvötn è uno dei più attivi. Se ne sta annidato a ovest della calotta sotto duecento metri di ghiaccio, sovrastato da una grande caldera del diametro di circa 8 chilometri riempita da un lago prodotto dal calore del magma. È da qui che provengono le violente inondazioni che scatena nel corso delle eruzioni, le *jökulhlaups*. Quando accade viaggiano furiose lungo il letto dei ghiacciai per poi sfociare nella loro pianura alluvionale, il *sandur*, e incanalarsi lungo i fiumi che trovano. Nel 1996 fu il fiume Skeiðará, a esondare, con portate di 50 000 metri cubi al secondo spazzando via la Ring Road; tutto ciò che si trovava sul percorso di questo tsunami d'acqua, alto 4 metri e largo 600, fu demolito.

Da allora ci furono altre eruzioni. Quella del maggio del 2011 scagliò nell'atmosfera un pennacchio alto 20 chilometri, facendo calare l'oscurità nelle aree a sud delle sue falde e mandando in tilt l'aeroporto islandese e alcuni del Nord Europa che si videro costretti a cancellare 900 voli. Inezie a confronto di ciò che aveva scatenato il vicino Eyjafjöll un anno prima. Anche lui se ne stava accovacciato buono e tranquillo da circa due secoli sotto l'omonimo ghiacciaio, il Eyjafjallajökull, sesto d'Islanda coi suoi 100 chilometri quadrati che torreggiano sul margine della Ring Road. Poi, il 20 marzo 2010, una frattura lunga 500 metri si aprì lungo il suo fianco e cominciò a rigettare lava fino a metà aprile. Fin lì sarebbe stato solo spettacolo se non fosse cominciata anche un'attività esplosiva. I duecento metri di ghiaccio sopra il suo cratere si polverizzarono a contatto col magma rovente trasformandosi in una densa colonna eruttiva di cenere e gas che si diresse verso i maggiori scali aeroportuali dell'Europa del Nord.

Fu il caos. Migliaia di compagnie aeree, le cui rotte avrebbero dovuto attraversare la zona invasa dalla cenere vulcanica, furono costrette a fermarsi o a cambiare traiettoria. Dal 14 al 20 aprile 2010 il traffico aereo rimase paralizzato in 23 paesi europei, portando alla chiusura del 75% della rete aeroportuale con oltre 1 milione di voli cancellati e ripercussioni su 10 milioni di viaggiatori. E così, il piccolo Eyjafjöll (in islandese «monti delle isole») fino ad allora sconosciuto, con un'eruzione assolutamente modesta, il cui unico potere fu quello di dirigersi verso zone nevralgiche per gli spostamenti via cielo, entrò negli annali come l'artefice di un evento di portata storica. Come memorabile resterà la rassegna di strafalcioni dei giornalisti che si cimentarono nella pronuncia del suo nome. Per i più navigati fu «il vulcano dal nome impronunciabile». Gli inglesi, invece, si tolsero subito dall'imbarazzo chiamandolo addirittura E15, dal numero di lettere che seguono l'iniziale «E». Il 22 maggio tutto finì ma nei cieli la normalità tornò molto lentamente. Nel frattempo, meno si disse sui danni riportati sull'isola: i violenti *jökulhlaups* portarono all'evacuazione di centinaia di agricoltori locali. Inoltre, la metà delle ceneri ricadute al suolo, ricche di composti tossici come zolfo, cloro, alluminio e fluoro inquinarono le acque e la vegetazione. Per non parlare delle migliaia di tonnellate di gas velenosi che inondarono l'atmosfera. E così, anche nel terzo millennio la piccola isola ha saputo crear scompiglio, mettendo in ginocchio l'era tecnologica.

Oggi l'Eyjafjöll è rientrato sotto il suo *jökull* bianco, a dar bella mostra di sé sul tratto più spettacolare della Ring Road: quello che all'altezza di Vik corre fino ad Höfn. Lungo questo percorso che corre tra il bianco, il nero e le infinite sfumature di grigio, si apre lo scenario sublime della laguna di Jökulsárlón, vera e popria visione che appare su un ponte di un centinaio di metri che la scavalca nel tratto terminale, dove le sue acque si uniscono a quelle del mare. Questo specchio d'acqua, il più profondo dell'isola, è un dono della lingua del ghiacciaio Breiðamerkurjökull, una propaggine di Sua Maestà Vatnajökull: apparve per la prima volta tra il 1934 e il 1935, e lentamente crebbe dai 7,9 chilometri quadrati iniziali fino agli attuali 18 chilometri quadrati di superficie, a causa dello scioglimento accelerato dei ghiacci. La sua espansione fagocitò anche il fiume Jökulsá che ci scorreva davanti, già spinto tra le sue fauci dall'erosione del litorale, e si teme che non passerà molto a quando il bacino si aprirà definitivamente lasciando il posto a un grande fiordo.

Per ora, però, è ancora un incanto; d'estate diventa una distesa blu punteggiata di iceberg di varie forme, sfumature e dimensioni. Vere e proprie sculture che paiono immobili ma, impercettibilmente, scivolano verso l'oceano, talvolta incastrandosi sotto il ponte per settimane, fino a che il disgelo o il tamponamento con qualche altro frammento non li sblocchi. Poi, quando arrivano alla foce del breve mozzicone di fiume che è rimasto, taluni si trasformano in gemme preziose. Con la bassa marea, infatti, i blocchi di ghiaccio si arenano sopra la vicina spiaggia nera dove via via si sciolgono diventando trasparenti. Davvero sembra di camminare tra una miriade di diamanti scintillanti sparpagliati su un pregiato tappeto di velluto nero. È un paesaggio apparentemente statico, senza tempo. Eppure, è in continuo mutamento, animato dalle luci cangianti della giornata che gli conferiscono atmosfere e prospettive sempre nuove, unitamente alla danza di foche e sterne artiche che volteggiano alla continua ricerca di succulenti capelin (un pesce del Nord) e aringhe di cui sono ricolme le acque.

Non sorprende che anche questo capolavoro naturalistico abbia folgorato fior di registi che lo hanno voluto come sfondo dei loro film: due film di James Bond, *007 – Bersaglio mobile* (interpretato da Roger Moore, 1985) e *La morte può attendere* (interpretato da Pierce Brosnan, 2002), *Batman Begins*, *Prometheus* e *Tomb Raider*.

19. Il vulcano incappucciato e le isole apparse dal nulla

Hekla - Vestmannaeyjar

Non a tutti i vulcani islandesi piace stare nascosti sotto il ghiaccio. Alcuni, prediligono le nubi.

A un centinaio di chilometri da Reykjavík ne svetta uno maestoso quasi perennemente incappucciato da cui il nome: Hekla. Una volta sola ho avuto la fortuna di vederlo «nudo» in tutta la sua maestosità. È stato durante una giornata meravigliosamente interminabile, perché lo abbiamo circoscritto in auto per ammirarlo da varie angolazioni, lungo le quali esibisce volti differenti: il profilo conico tipico di uno stratovulcano (di quelli perfetti che disegnano i bambini) oppure la chiglia di una nave capovolta, interrotta, sulla sommità, da un allineamento di crateri. Questo gioco di prospettive accade perché, come molti, è cresciuto lungo le grandi linee di frattura che interessano l'intera isola, che corrono in direzione nordest-sudovest per 27 chilometri. Dunque, la visione dipende dal fatto che si sia, rispettivamente, perpendicolari o paralleli a tali sistemi di faglie.

L'Hekla, però, non è un vulcano qualsiasi, ma il più famoso d'Islanda, che non ha mai concesso tregua ai suoi abitanti e, da tempi immemori, li ha resi tristemente famosi per le vessazioni subite dalla sua attività. Tanto da esser entrato direttamente o di sponda in opere artistiche e letterarie. Il Medioevo tramandò la diceria che fosse la prigione di Giuda e l'ingresso dell'Ade, sorvolato da uccelli che incarnavano le anime dei dannati. Dal suo interno, si sarebbero levati i lamenti dei malcapitati torturati dal diavolo in persona. Tali volatili, ancora nel XIX secolo si trasformarono con l'immaginazione in corvi dal becco d'acciaio che si pensava volteggiassero lassù, come riferisce il botanico inglese William Jackson Hooker.

La fama sinistra della montagna arrivò anche all'orecchio del nostro Leopardi, già turbato dallo strapotere dello *Sterminator Vesevo* (il Vesuvio) alle cui falde viveva presso villa Ferrigni. Prendendo spunto dall'opera del filosofo illuminista francese Voltaire, che descriveva le minacce naturali quali gelo e vulcani, a cui sono sottoposti gli islandesi, nel 1824 Leopardi compose il *Dialogo della Natura e di un Islandese*, che sarebbe comparso in volume nella prima edizione, tre anni dopo, delle *Operette Morali*. Nel racconto emerge, molti anni prima della *Ginestra,* una concezione della natura come entità matrigna, crudele e indifferente. La storia racconta di un islandese che, stanco della sua vita difficoltosa in condizioni ambientali avverse, decide di abbandonare la sua terra. Giunto in Africa, in un luogo misterioso ed esotico, incontra Madre Natura nella forma di una donna gigantesca dall'aspetto bello e terribile che lo interroga sulla sua fuga. Il monologo col quale risponde ruota attorno all'ineliminabile infelicità dell'esistenza, a una concezione della sofferenza intesa come carattere insito nell'uomo e dovuta alla crudeltà della natura, che dà la vita a tutti gli esseri viventi per poi abbandonarli al proprio misero destino fatto di dolore, fino alla morte. La «signora» ribatte altrettanto aspramente, ribadendo la sua indifferenza all'uomo.

Ciò che Leopardi e altri espressero a parole, il compositore islandese Jón Leifs lo comunicò attraverso un'opera musicale, *Hekla, Op. 52*, dopo aver assistito, scioccato, all'eruzione del 1947, immortalata anche nei francobolli dell'epoca. Il pennacchio eruttivo si alzò per circa 27 chilometri, investendo l'isola con una pioggia di ceneri e pomici, mentre lo scioglimento dei ghiacci produsse violente inondazioni. In tredici mesi la terra rigurgitò poco più di un chilometro cubo di lava.

Il tipo di strumenti che Leifs richiese ai musicisti dell'Auditorium dell'Università di Helsinki per suonare le sue note non era esattamente ortodosso: martelli, incudini, catene, sirene, campane e tutto ciò che di più rumoroso possa esserci. Durante le prove i poveretti dovettero proteggersi le orecchie con tappi che, certo, non ebbe il pubblico travolto da tale frastuono. L'opera fu massacrata dalla critica e relegata nell'oblio. Solo ventun anni dopo la morte del suo autore, nel 1989, venne riesumata e valorizzata. Postumo, si sa, tutto è sempre più bello.

Ho ascoltato questa sinfonia e mi sembra sia gradevole a prescindere, soprattutto contestualmente a ciò che raffigura. L'ho usata come colonna sonora durante uno dei miei viaggi in Islanda, dentro la mia auto, mentre la sagoma del vulcano ci veniva incontro dall'orizzonte polveroso. Siamo arrivati fino al fronte lavico lasciato dell'ultima eruzione, quella del febbraio 2000. È alto una decina di metri ed estremamente «frastagliato», tipico di composizioni chimiche mediamente acide (cioè con un contenuto di ossido di silicio intermedio) che generano le tipiche colate «aa» (dal termine hawaiiano che esprime dolore nel camminarci sopra a piedi non adeguatamente protetti). Dopo aver lasciato il primo centimetro di suola sopra la grattugia silicea della colata, mai picnic è stato più panoramico, con tanto di sinfonia di sottofondo. Ci siamo pure presi il «lusso» di rimanere in panne con l'auto proprio lì, e di fotografarci nell'atto di trainarla di fronte alla «porta dell'inferno».

Se l'Islanda è terra d'incanto e leggenda, è anche perché pregna di aneddoti e di fatti reali eccezionali. Di rientro verso Reykjavík, all'altezza di Landeyjahöfn, l'orizzonte si anima di sagome scure che si sovrappongono alla costa. Sono le Vestmannaeyjar (o più brevemente Vestmann), letteralmente isole degli «uomini dell'Ovest», un arcipelago composto da 15 tra isole e isolotti formatasi da almeno 11 000 anni.

Qualche decennio fa l'umanità ha avuto il raro privilegio di assistere alla nascita dell'ultima arrivata; di vedere l'acqua partorire la terra tra inenarrabili gemiti. Il travaglio è cominciato a metà novembre del 1963, quando il profumo fresco di salsedine dell'oceano che impregna le coste brulle dell'isola è stato travolto da un odoraccio di uova marce. La placenta di Madre Natura si era rotta. Chi ha visitato gli ambienti vulcanici ben conosce tale fetore. È causato dal rilascio di solfuro d'idrogeno, un gas che accompagna il fuso magmatico. Il tredicesimo giorno il presagio che qualcosa stesse per accadere divenne palpabile quando le acque gelide si riscaldarono di diversi gradi. L'indomani, ciò che incombeva si verificò sotto gli occhi del cuoco del peschereccio *Isleifur II*, che all'orizzonte vide alzarsi una colonna scura. Il capitano non esitò ad avvicinarsi, convinto di dover soccorrere un qualche natante in fiamme, ma quel che videro fu ben altro. Il mare ribolliva esplodendo bubboni di schiuma bianca alternati a sbuffi di cenere nera che, col tempo, divennero un denso pennacchio alto fino a 9 chilometri visibile anche dalla costa islandese, distante una trentina di chilometri.

Ben presto si capì che si trattava di un'eruzione vulcanica generata da una frattura lunga 400 metri che si era aperta sui fondali profondi 130 metri. Dai e dai, accompagnata da fulmini e saette, alla fine la roccia fusa emerse dalle acque, e nell'aprile dell'anno successivo la bocca eruttiva rimase finalmente all'asciutto e la lava rossa e fluida cominciò a sgorgare accendendo di rosso il buio artico. Una terra era nata e continuò a crescere per quattro anni, fino al giugno del 1967, raggiungendo una superficie di 2,6 chilometri quadrati e un'altezza di 174 metri sul livello del mare. Le venne dato il nome del gigante mitologico norvegese Surtr, da cui Surtsey. Nemmeno il «titano», però, poté fermare il potere erosivo delle onde che già nel 2002 avevano ridotto la superficie di metà. La sua preziosità di terra vergine fu da subito evidente, e nel 1965 fu blindata al pubblico e dichiarata riserva naturale, monitorando l'arrivo sulla superficie di piante e animali colonizzatori. Diversamente dalla terraferma, però, il regno vegetale di muschi e licheni giunse dopo il materiale organico depositato dalle onde. Gli uccelli, invece, approdarono negli anni settanta. Poi fu il turno delle foche di abitarne le rive sabbiose, attirando orche e altri predatori. Gli umani – manco a dirlo – crearono solo scompiglio: a un gruppo di giovani scriteriati venne in mente di andarci a piantare patate (poi disseppellite), mentre uno scienziato, suo malgrado, in preda a un attacco di diarrea produsse il concime per una clandestina pianta di pomodoro (in seguito estirpata).

È stata partorita dal mare in modo del tutto inaspettato. Come quando arriva un figlio non atteso, raccontò al mio gruppo Simmy, un gigante di due metri che, con mestiere, ci ha fatto fare il girotondo via acqua intorno al suo perimetro. Alla fine anche noi l'abbiamo amata come un nuovo membro della famiglia, anche se presto se ne andrà tornando da dove è venuta: mentre frugava alla ricerca di un laccetto per legarsi i capelli biondi fluenti frustati dal vento, Simmy ci raccontava in effetti dell'inclemenza di queste acque, che la divoreranno in breve tempo. In effetti si pensa che potrebbe non arrivare a fine secolo.

Ben consolidata è, invece, l'isola principale di Heimaey, dalla quale eravamo partiti sgusciando fuori da uno stretto porticciolo. Anche lì però ci furono dei momenti difficili. Simmy ci raccontò, con la voce spezzata dal rombo del motore, che era ancora un bambino quando ci fu l'eruzione, ma che quel trambusto non l'avrebbe dimenticato mai. Era una gelida notte invernale, il 23 gennaio 1973, per l'esattezza. D'improvviso, nel silenzio del buio, era scoppiata l'apocalisse: una serie interminabile di boati tirò giù dal letto lui e tutta la famiglia. Tutto tremava in modo convulso, nessuno capiva cosa stesse accadendo: all'inizio pensarono a un terremoto. Simmy ricordava che suo padre stava cercando di intravedere cosa stesse succedendo da un pertugio nel vetro della finestra risparmiato dalla coltre nevosa. Aveva ancora in mente il suo volto terrorizzato che si tingeva di luce rossa. Furono attimi di grande tensione. Si abbracciarono stretti per la paura e per farsi forza. Le colonne di fuoco gigantesche zampillavano davanti a loro in mezzo alle case. La croce sulla sommità della chiesa sprizzava scintille come una girandola natalizia. Un incubo: pareva che l'inferno fosse emerso a inghiottirli. Dopo di che è esploso il caos, e poi ovviamente c'è stata la fuga.

Presto, a ogni modo, tutto fu chiaro. Una fessura lunga 1600 metri si era aperta nel terreno a meno di mezzo chilometro dal centro abitato. Un soffio più a ovest e avrebbe incenerito l'intera popolazione nel sonno. Colti alla sprovvista nel cuore della notte, l'unica soluzione era l'evacuazione immediata. In cinque ore più di 5000 persone furono traghettate sulle coste islandesi, ma 300 impavidi rimasero sull'isola di loro volontà per proteggere il salvabile dall'avanzamento inesorabile della lava. Andarono di casa in casa per caricare tutte le masserizie possibili e portarle nei magazzini portuali, ma la maggior parte degli edifici fu distrutta dal fuoco o seppellita dalla scoria lavica. Il vero disastro, però, era l'incombente occlusione dell'entrata del porto che avrebbe decretato la fine dell'unico mezzo di sussistenza per gli isolani, la pesca; inoltre, avrebbe reso quasi impossibile l'accesso all'isola.

Così, all'inizio di febbraio il manipolo d'intrepidi cominciò a opporsi al fronte scagliandogli addosso decine di litri d'acqua marina al secondo che, un mese dopo, diventarono decine di migliaia al minuto grazie all'aiuto delle pompe idrauliche di una dragamine giunta in rinforzo. Tutto il mondo vide in diretta questo avvincente confronto. Uomo contro natura. Lì, sul campo. Uno di fronte all'altro, a rivendicare una fetta di pianeta.

Dopo quattro mesi, per fortuna, il vulcano si arrese a 140 metri dall'ingresso del porto. Placandosi ha lasciato in eredità ai suoi piccoli, stoici avversari un monumento all'impresa: il cono dell'Eldfell, che domina l'isola dai suoi 220 metri di quota. Come ulteriore tributo al degno rivale ha anche riconsegnato un'isola rinnovata e ampliata: il milione di metri cubici di materiale vulcanico rimosso dal villaggio è stato usato per costruire una seconda pista di atterraggio su una superficie ora più grande di 2,5 chilometri quadrati. Ma, soprattutto, l'istmo lavico depositato è diventato un'efficiente barriera contro il mare impetuoso a protezione delle imbarcazioni nel porticciolo.

Scivolammo via, dondolando lievemente, dalle ceneri di quella lontana battaglia. Sfilammo davanti a un gigantesco elefante roccioso con tanto di proboscide allungata, e ci infilammo dentro un'ampia grotta. Il nostro amico si sedette sulla prua della barca e, sfoderando a sorpresa un sax da un panno grigio consunto, proseguì il suo racconto. Sembrava di essere in un'altra dimensione: le acque blu cobalto si erano scurite con lo spostamento del sole e luccicavano di riflessi dati dalla luce che filtrava dai pertugi tra le nubi. Mentre Simmy armeggiava intorno allo strumento, ci disse che una terra in balia di fatti eccezionali non potrebbe che ospitare uomini eccezionali: «Come Gulli». Pronunciando quel nome si illuminò di un guizzo d'orgoglio. «Lui vinse senza sconti. Lui dominò su Nettuno, Eolo e Vulcano. Lui era speciale, degno abitante delle terre degli uomini dell'Ovest.»

Simmy si riferiva a Guðlaugur Friðþórsson, il pescatore islandese delle isole Vestmann che nel 1984 riuscì a sopravvivere, miracolosamente, al naufragio del peschereccio *Hellisey VE-503*, nuotando per sei ore nelle acque buie e gelide. Era solo un ragazzotto timido e taciturno di 23 anni quando la notte dell'11 marzo salpò dal porto di Heimaey insieme ad altri quattro compagni. Dopo qualche ora di navigazione, una rete a strascico s'incagliò nei fondali, e l'argano a essa agganciato inclinò la barca che cominciò a imbarcare acqua fino ad affondare. I vecchi pescherecci non avevano lo sganciamento automatico della scialuppa e nemmeno l'sos automatico, perciò non ci fu il tempo di far nulla. Nel giro di pochi minuti i suoi amici affondarono esanimi stroncati dallo shock termico, ma lui no. Restò lucido, animato da un inaspettato, disperato attaccamento alla vita. Lo strapparono alla morte la speranza e i voti di buoni propositi, e anche i gabbiani che gli fecero compagnia indicandogli la via verso la terraferma.

Esausto, alla fine approdò sulla terraferma anche se dalla parte opposta dell'isola, e senza scarpe camminò per 4 chilometri sulla lava tagliente maciullandosi i piedi, fino a quando non arrivò a suonare a una porta del villaggio ancora coi jeans e la camicia addosso.

La comunità scientifica ne rimase scossa, e alcuni scienziati londinesi lo sottoposero a esperimenti per capire come il suo fisico, sebbene corpulento – pesava 123 chili –, avesse resistito a tanto freddo tanto a lungo, rimanendo addirittura lontano dai segni di una possibile ipotermia. Dopo averlo trattato come una cavia da laboratorio, liquidarono l'accaduto come il dono di una fisiologia simile a quella delle foche, caratterizzata da un massiccio strato di grasso, più compatto e tre volte più spesso di quello umano, a protezione degli organi interni. Ma quest'ultima risposta rimase poco più che un'ipotesi rimasta avvolta nel mistero. Il regista Baltasar Kormákur decise di fare di questa impresa un film: *The Deep*, uscito nel 2012.

La beffa è che la prodigiosa sopravvivenza del ragazzo non fu accolta così bene dalla comunità.

«Gulli e io siamo cresciuti insieme» ci confidò Simmy. «Era un ragazzo buono e dolce, con un faccione ricamato di riccioli dai riflessi rossastri. Non mi piace com'è stato trattato dai miei concittadini. Lo guardarono con sospetto come a incolparlo di essersela scampata a dispetto dei suoi compagni. Alcuni lo definirono un mostro. Io credo, invece, che sia stato miracolato per il suo grande cuore. Dio solo sa che incubo possa aver passato in quelle ore, e così ogni tanto vengo qui a dedicare la mia musica a lui e a quelli che non ce l'hanno fatta». Si alzò in piedi, sistemò la tracolla dello strumento e cominciò a suonare una melodia lenta e nostalgica. Un suono rauco, come solo il sax sa fare, che l'acustica della cavità trasformava in una marcia solenne. Un inno alla vita, ma anche alla morte, che si diffondeva in una penombra ondeggiante in cui si contorceva la sagoma di Simmy in controluce. Da brividi.

Vengo in Islanda da più di vent'anni. Questa terra crea dipendenza, nostalgia. Prima di lasciarla si ha sempre la sensazione che ne manchi un pezzo da esplorare. Che si sia arrivati a un passo da un grande mistero da svelare, da una porta da varcare che dia accesso a un mondo parallelo, fatato. E si torna ancora. E ancora. Negli anni l'ho vista cambiare, molto: non ero ancora nata quando esplose il Laki o nacque Surtsey, ed ero troppo piccola per veder innalzarsi l'Eldfell; ma il mutamento, lento e costante, l'ho visto. L'ho riconosciuto.

Giorno dopo giorno il ghiaccio sta avendo la peggio: non a causa del fuoco; con quello si è sempre confrontato. È contro un altro elemento che sta soccombendo: l'aria. Sempre più calda, come nel resto del pianeta. Pezzo dopo pezzo lo sta aggredendo da ogni direzione e smantellando. Dissolvendo. Fino a quando sarà irrecuperabile.

L'ultima mia visita è stata poco prima che esplodesse la pandemia di Covid, e l'agonia del bianco era già evidente: sempre meno candido e più ammorbato di detrito. Il fronte di diverse propaggini dei ghiacciai maggiori era ridotto a una poltiglia grigiastra, e la famosa laguna di Jökulsárlón, ai piedi della maggior calotta d'Europa (il Vatnajökull) aveva perso un'ampia porzione dei suoi iceberg. Temo che questo processo sia irreversibile, e che presto emergerà un volto nuovo dell'isola, portando alla luce la sua natura più intima e magari qualche segreto sepolto.

La scienza tutto questo lo sa già, certo, ma vederlo coi propri occhi è un'altra cosa. Vedere la cornice dei propri ricordi mutare, è tutt'altra sensazione. A chi dice di aver come sogno nel cassetto di visitarla, raccomando di farlo in fretta, di non indugiare oltre per andare a godere di uno degli ultimi paradisi di bellezza, seppur con sembianze, a tratti, infernali.

Io, invece, tornerò non appena uno delle sue decine di vulcani si risveglierà, o per immortalare le luci aurorali danzare su ciò che il ghiaccio si lascerà dietro. Perché anche senza di lui, rimarrà sempre una terra figlia del Grande Nord, quel regno che mi ha irrimediabilmente conquistata.

Congedo

In questi anni il bianco è agonizzante. Ormai pare certo che soccomberà al caldo incalzante, e svanirà lasciandosi dietro un blu dilagante, ostacolato solo dal marrone delle terre emerse. Una guerra di colori, oltre che di elementi.

Posso solo immaginare come potrebbe essere un mappamondo senza calotte. Un mondo senza Artico e con un'Antartide priva della sua coltre di ghiaccio. Forse non mi piacerebbe e mi creerebbe confusione.

Poi però penso alle magnifiche aurore che ho visto danzare riflesse sulle acque dei fiordi norvegesi o dei laghi finlandesi, anche senza ghiaccio, ad aprile inoltrato, quando le giornate sono lunghissime e il buio sgomita per farsi largo qualche ora nel cuore della notte prima di arrendersi definitivamente alla luce eterna. Penso a quel firmamento insolito dove la stella polare è incastonata sulla verticale, sopra la testa, mentre le orse le girano intorno. Penso al nostro sole che fa l'acrobata sull'orizzonte senza precipitarci dietro, oppure che gioca a nascondino, sotto, senza emergere. Allora comprendo che gli equilibri celesti non muteranno quando il bianco sparirà, perché il nostro pianeta non cambierà velocemente e radicalmente la sua inclinazione sul piano orbitale. «Scalata» una certa latitudine, il Grande Nord si manifesterà sempre e comunque, in qualsiasi veste si presenterà.

Le terre polari, insomma, sono dimensioni che non svaniranno coi loro colori. Semplicemente si vestiranno di nuovi abiti, ricordandoci che nulla è imperituro e che l'esistenza è solo un concatenarsi di attimi tra realtà che s'incrociano.

Ultimi volumi pubblicati

Giulia Carla Bassani, *Sognavo le stelle*
Bere come un vero scrittore
Arthur Rimbaud, *Una stagione all'inferno*
Carol Coricelli, Sofia Erica Rossi, *Guida per cervelli affamati*
Anthony Aveni, *I racconti della creazione*
Italo Svevo, *Lettere*
Enrico Sibilla, *Aurora Liminalis*
Francesca Coppola, *Astrologia quotidiana*
Gastón Fournier-Facio (a cura di), *Il canto dell'anima*
Lorenzo Renzi, *Lettere della Grande Guerra*
Laura Pugno, *Mappa immaginaria della poesia italiana contemporanea*
Peppino Ortoleva, *Il secolo dei media*
Joan Didion, *Prendila così*
Joan Didion, *Il suo ultimo desiderio*
Lettere della famiglia Mozart. I primi viaggi e il Grand Tour in Europa
S. Sambati e C. Trotto (a cura di), *SOUQ 2021. Fratelli (quasi) tutti*
John Berger, *Questione di sguardi*
Rowan Hooper, *Come spendere mille miliardi di dollari*
Claude Lévi-Strauss, *Antropologia strutturale zero*
Peter Mendelsund, *Delivery*
Janna Levin, *Manuale di sopravvivenza ai buchi neri*
Andrea De Spirt, *Ogni creatura è un'isola*
Edward White, *Le dodici vite di Alfred Hitchcock*
Henry James, *La bestia nella giungla*
Alessandro Paolucci, *Storia stupefacente della filosofia*
Joseph Henrich, *WEIRD*
Andrea Esposito (a cura di), *I racconti dell'apocalisse*
Ivan Talarico e Federica Graziani (a cura di), *Letteratura d'evasione*
Jean-Paul Manganaro, *Oratorio Carmelo Bene*
Helen McClory, *Una storia di fantasmi*
Kate Lister, *Sesso*
Nicola Nurra, *Plasticene*
Gianni Cuperlo, *Rinascimento europeo*

FSC
www.fsc.org
MISTO
Carta
da fonti gestite in
maniera responsabile
FSC® C018150

Finito di stampare nel febbraio 2022
presso Galli Thierry stampa, Milano